CHANGEMENT DE MENTALITE

Un Défi Pour la RDC

TOKWAULU EBONDA BATALE

Ma lettre à la Jeunesse

Chers Jeunes,

Il y a à peine quelques années, j'étais un jeune homme d'une vingtaine d'années comme vous, sans moustache ni barbe, avec les cheveux bien noirs. Mais aujourd'hui, j'ai la barbe toute blanche et des cheveux blancs. Comme le temps est tellement impatient et n'a pas l'habitude d'attendre ! En effet, il y a quelque temps, j'ai décidé d'écrire ce livre sur mon pays à la suite de toutes les atrocités et de la situation dramatique que vivent les Congolais. Cependant, en écrivant chaque mot, chaque phrase, chaque paragraphe et chaque chapitre, j'avais constamment la jeunesse Congolaise dans mes pensées. Pour moi, ces écrits représentent une preuve de mon attachement à notre pays et sont ma modeste contribution pour le salut de cette nation qui a vu naître mes parents ainsi que moi-même. C'est ici l'occasion parfaite pour moi de demander pardon à toutes ces jeunes générations innocentes qui vivent dans des conditions inhumaines et qui périssent partout dans le pays. Car, par notre manque de lucidité et de sérieux, nous vous avons exposés à l'ignominie et à la merci des autres qui vous regardent avec dédain comme si vous étiez sortis d'un trou noir. Nos parents, grands frères et nous-mêmes n'étions pas en mesure de vous garantir une éducation digne, avec des établissements scolaires et académiques de taille. Nous n'avons pas réussi à vous donner de l'eau propre à la consommation et du travail pour chacun de vous. Honte à nous, gens de la génération de vos parents et grands- parents, car nous n'avons pas été capables d'assurer votre sécurité pour que vous puissiez vivre paisiblement et grandir comme cela fut notre cas lorsque nous avions votre âge. Bien au contraire, nous vous avons montré le chemin de la corruption et de toutes les antivaleurs qui dégradent l'homme, le chemin de la honte.

Chers Jeunes,

Votre nation, la Rdc a tout ce qu'il faut pour être une grande puissance africaine et mondiale. Malheureusement, ses richesses ont suscité la convoitise de certaines puissances mondiales et des pays frères au point de se lancer dans des campagnes de déstabilisation contre elle. Ils nous ont soumis, comme au temps de l'esclavage ou de la traite négrière, à une guerre sans fin en se disant sûrement dans leurs petits cercles de marchands d'esclaves : « mourez, mourez et mourez encore ! ». Pour eux, la vie d'un gorille dans le parc de Virunga vaut plus que celle des Congolais.

En effet, la seule chance qu'a ce pays, c'est de vous avoir comme filles et fils. Alors, levez-vous et battez-vous au prix du sacrifice suprême pour défendre la mère patrie. Battez-vous sans relâche jusqu'à ce que vienne cette victoire car, ce n'est qu'en se battant qu'on sera en symbiose spirituelle avec ceux qui nous ont précédés dans cette lutte et que nous parviendrons à changer les choses pour enfin les honorer. Ne vous désarmez donc point et n'abandonnez jamais. Ce Congo qui était hier devant nous vos parents est maintenant de plus en plus derrière nous. Ce qui semble dorénavant appartenir à notre passé est votre futur. Ne le laissez pas vous échapper.

Chers enfants de la Patrie,

Retenez que l'ivresse du Pouvoir et d'argent facile a laissé certains d'entre nous vos pères à découvert. Seule votre victoire couvrira notre nudité et nous enlèvera cette honte qui nous condamne à marcher le front courbé de nouveau. Car ce front qui autrefois été dressé par Patrice Lumumba et ses pairs s'est de nouveau courbé.

Chers amis jeunes,

Ce livre est en réalité une lettre d'amertume d'un Congolais qui a vécu des moments glorieux de son pays et qui vit son effondrement, ce Congo que j'ai vu très organisé et craint partout en Afrique et dans le monde était une nation qui suscitait admiration et respect.

En effet, cet ouvrage ne contient sûrement pas toute la science mais il a une âme qui réveille la dignité bafouée, qui est encore enfouie dans la profondeur de chacun de vous, pour relever les grands défis de la République en commençant par celui de Changement de Mentalité, à mon humble avis.

Je vous prie de lire ce livre avec un esprit ouvert, de le commenter dans tous les sens, pourvu qu'on entende parler de ça, et surtout de le critiquer.

Et, parce qu'en vous circule le sang des héros de l'indépendance et des martyrs de la liberté, chacun d'eux vit en vous, vous êtes capables des grandes victoires.

Souvenez-vous toujours que votre victoire sera celle de toute l'Afrique :

L'Afrique de Patrice Lumumba et de Kwame Nkrumah,

L'Afrique de Soundiata Keita et de Thomas Sankara,

L'Afrique de Samora Machel et de Nelson Mandela,

L'Afrique de Simon Kimbangu et de Hailé Sélassié.

Bonne lecture à tous !

Tokwaulu Ebonda Batale

Table de matière

Ma Reconnaissance

À ma très chère épouse **Elodie Simba** et à nos merveilleux enfants : **Bokota**, **Ngwende** et **Ngoya Tokwaulu**, pour l'amour et la patience manifestés tout au long de ce projet.

À mon ami **Paul Nzeza Landu**, mon professeur de mathématiques et de physique, pour avoir été le premier à m'initier dans ce merveilleux monde du livre.

À madame **Mbomou Zeke**, pour ses conseils.

À madame **Opportune Saint Val**, pour ses précieux conseils et inestimables contributions.

À madame **Nathalie Kamanga**, pour sa participation cruciale dans la matérialisation de cet ouvrage.

A monsieur **Albert Moleka** pour sa disponibilité scientifique tout au long de mes recherches.

En mémoire de Monsieur Tokwaulu Bolamba Joseph

Introduction

Les Congolais ont vocation d'être un grand peuple. La géographie et les ressources naturelles et minières stratégiques sont une manne pour la République démocratique du Congo qui devrait en principe l'aider à atteindre un niveau économique respectable à l'instar de Brésil, d'Afrique du Sud et d'autres. Malheureusement, ce grand pays au centre d'une Afrique en attente d'un leadership fort pour son développement et d'une planète terre vacillante faute d'équilibre dans les rapports de certains Etats avec la biodiversité mondiale n'a jusque-là pas su assumer son rôle de leader. Le peuple Congolais n'a pas été capable de se créer un destin national propre à lui en s'appropriant la vision des pères des indépendances africaines pour lui donner de la substance. Il n'arrive pas à s'imposer dans le domaine du climat en proposant des solutions durables malgré toutes ses richesses naturelles. En effet, durant des décennies, les citoyens Congolais ont donné une très mauvaise image de leur pays. L'image d'un coin d'une pauvreté infernale, d'une insécurité permanente où le viol de la femme est sans pareil et donc bref, l'image d'un vrai enfer au centre de l'Afrique. Pourtant, son sol et son sous-sol sont restés scandaleusement riches. Sa faune, sa flore et sa superficie sont toutes restées presque inchangées. Ce qui prouve que la grandeur d'une nation se détermine tout d'abord par la grandeur de son peuple. La taille et les ressources naturelles ne viennent qu'après. Lee Kuan Yew, cet homme politique et grand leader qui a fait prospérer le

Singapour, a dit que c'est plutôt « la volonté, la cohésion, la vigueur, la disciple de son peuple et la qualité de ses dirigeants qui assurent à son pays une place honorable dans l'histoire ». En effet, depuis son indépendance le 30 juin 1960, la RDC est allée crescendo dans la mauvaise direction, une direction de la honte. Le Congolais n'a pas réussi à transformer son pays malgré le Changement des républiques et des régimes, parfois avec violence, et tous ces projets gigantesques de différents gouvernements, partant du Septennat du social à l'Etat de droit en passant par les cinq chantiers et la révolution de la modernité. En réalité, près de soixante-cinq ans plus tard, on y retrouve un pays manquant presque de tout. Pas d'infrastructures, des provinces et localités inaccessibles, une pauvreté sans précédent, une démocratie vacillante, pas d'armée dissuasive ni de police équipée pour remplir sa tâche et tant d'autres. L'homme Congolais est dans les excès et les immoralités et ce, malgré la prolifération des églises qui d'ailleurs ont contribué à son aliénation mentale. Les insultes fusent à la télévision et sur les réseaux sociaux entre partisans et fanatiques des politiciens mais aussi des artistes. Dans la capitale Kinshasa, on observe un manque d'organisation sans pareil. Cette ville de plus de quinze millions d'habitants qui abrite les institutions du pays donne l'impression d'une entité plutôt à peine administrée. Poussées au bout par l'insécurité, la pauvreté et la misère, les populations venues en grande masse de l'intérieur du pays jonchent rues et avenues vendant tout ce qui peut être acheté. On y retrouve des véhicules avec conducteurs sans permis de conduire rouler à grande vitesse et de fois, dans le sens interdit à la circulation. A côté, comme un peu partout, on y rencontre des jeunes en difficulté qui ont réussi, sous la barbe des agents de l'ordre, à établir leurs lois dans les espaces publics. Dépassé sûrement par les événements et absent dans certains coins du pays, l'Etat est ignoré et devient quelquefois indésirable de populations car il a failli à son devoir de transformer le Congo et les Congolais. En fait, pour vivre le Changement dans ce pays, il fallait tout d'abord changer l'homme Congolais. L'Etat

Congolais n'a pas su investir de façon durable dans le Congolais. Et pourtant, dans l'histoire des peuples, toutes les grandes nations ont commencé par résoudre la fameuse question relative à la Mentalité de l'homme avant de s'atteler à toute autre chose. Les Etats unis sont aujourd'hui cette super puissance par la force et le rêve des Américains tout d'abord. L'Etat d'Israël qui est entouré des pays arabes a pu jusque-là résister non pas grâce à son sol et son sous-sol mais par la résilience et la force de caractère des Juifs et des Israéliens. La Chine qui fait le bonheur d'une certaine élite africaine est devenu économiquement puissante grâce à la résilience des millions de peuple chinois. Pareils pour la Russie qui a su se remettre au centre des enjeux planétaires après l'éclatement de l'URSS en 1989. La liste n'est pas exhaustive. Au fait, tous ces peuples ont forgé leurs caractères avant de relever les grands défis qui attendaient leurs nations. Curieusement, en RDC, le Changement de Mentalité est resté ce chantier qui jusque-là n'a pas été sérieusement considéré. Et pourtant, son développement, sa paix et le bien-être de son peuple en dépendent foncièrement. En effet, lorsque l'homme n'est pas transformé de Mentalité, il devient un élément nuisible pour lui-même et pour la société. Il suffit de voir la santé de la démocratie en RDC pour comprendre comment un tel régime qui a transformé a été déformé par l'homme.

Cet ouvrage est un produit de plusieurs années d'observation et d'une analyse froide de la société Congolaise. Il a pour objectif de ramener sur la table pour un débat national responsable qui doit connaître la participation de toutes les couches composantes de la société autour de ce sujet crucial de « Changement de Mentalité

» qui est un concept tant prêché mais qui a manqué de substances et de repères sérieux. En effet, en dénonçant certains comportements, l'auteur veut tourner l'imagination des uns et des autres vers des voies et moyens jusque-là très peu explorés pour essayer de donner des réponses durables aux questions profondes liées au bien-être des citoyens Congolais de sorte à faire bouger positivement les choses dans ce pays. Il essaie de démontrer le bien fondé, la nécessité et surtout le caractère urgent de ce processus de Changement de Mentalité. Il veut surtout proposer, particulièrement à la jeunesse de ce pays, un cahier de charge susceptible de l'accompagner dans cette voie salutaire pour son bien-être. Ce livre a ainsi pour but de contribuer à la renaissance ou à la refondation d'une société Congolaise respectueuse des valeurs culturelles, morales et spirituelles des peuples qui constituent cet espace Kongo. Il veut participer à la formation et à l'émergence d'une Nouvelle Identité Congolaise digne qui réponde simultanément aux défis de cette RDC en décadence, d'une Afrique qui manque de stabilité et d'une planète terre dans l'incertitude. En d'autres termes, ces écrits sont conçus pour permettre une lecture simplifiée de l'homme Congolais et de la nation Congolaise en vue de mieux comprendre la problématique majeure qui est à la base de la déliquescence de cette nation pour ainsi proposer des pistes de sortie durables pour le Changement de ce pays-continent.

En effet, en observant les domaines de grande importance liés à la création du Congo comme « République » et de l'organisation même de la société Congolaise, on arrive à déceler des failles dans l'histoire dès sa fondation et aussi des incohérences dans la construction et l'évolution de l'appareil de l'Etat. Ces deux éléments ont contribué à la détérioration de la Perception collective qui est la base de la Mentalité collective Congolaise. En d'autres termes, il y a, d'un côté, ceux qui ont été à la base de la création de ce pays en 1885 à la conférence de Berlin s'étaient plus focalisé sur l'étendue de son territoire et les richesses de son sol et sous-sol sans tenir compte des peuples qui occupaient cet espace, de leurs cultures, traditions et mœurs. De l'autre côté, la gestion calamiteuse de la République par des élites Congolaises qui ont pris le relais après l'indépendance. Ce sont des éléments qui ont impactés durablement la formation et l'enracinement de la Mentalité tant déplorée des Congolais aujourd'hui. En effet, l'homme Congolais Monarchique de Mentalité s'est vu obligé de se comporter en Républicain. Lui qui fonctionnait sous le régime autoritaire de ses chefs coutumiers est soumis sans transition à une démocratie qu'il ne maîtrisait pas. Et, comme conséquence, la spiritualité Kongo fut rapidement piétinée par la puissance de la religion ramenée dans les bagages de colonisateur pour le soumettre. L'homme a fini avec le temps à perdre ses fondamentaux et donc sa vraie identité et vit désormais sous une identité d'emprunt. Cet ouvrage remet sur table la question historique et fondamentale de la création de l'Etat Indépendant du Congo en 1885. Il sera question de la transformation d'une Mentalité Monarchique Kongo à une Mentalité Républicaine Congolaise, de la démocratie comme forme de l'Etat et de la gouvernance de la République. Il traitera la question relative à l'Etat de droit dans sa dimension sociologique et politique en se focalisant tout d'abord sur l'existence et la présence de l'Etat et celle de la Justice comme instrument de l'organisation équilibrée de la société et du renforcement de la cohésion sociale. Il met en exergue la Religion comme étant un élément clé qui a beaucoup contribué à la déformation de la Mentalité Collective Congolaise par ses enseignements d'une foi qui repousse la science et qui ne profitent qu'aux seuls gourous. De ces trois précédentes parties découle une autre notion importante à comprendre dans la quête de Changement de Mentalité, la Perception à la Congolaise. En effet, ce « chapitre » charnière du livre sera consacré à la proposition des pistes de solutions. En suite viendra la cinquième partie du livre qui interpelle les élites et surtout le gouvernement de la République. Il insiste sur la nécessité d'inscrire la question fondamentale de Mentalité dans le registre des priorités de la République. Enfin, il sera question de proposer dans la dernière partie de cet ouvrage un « portrait-type » de l'homme Congolais pour les décennies à venir. Pour dire autrement, il tentera de projeter une Nouvelle Identité Congolaise à voir le jour, une identité qui tienne compte des éléments culturels et sociologiques omis lors de la création de État Indépendant du Congo propriété pour le roi des Belges. En effet, le Changement de mentalité est une nécessité, une urgence et un choix à prendre très au sérieux par les élites de ce pays. Elles doivent s'en approprier eu égard des réalités que vivent de millions des Congolais dans leur quotidien, un quotidien qui présage un avenir plus sombre pour les générations futures. Car, à l'allure où vont les choses, si rien n'est amorcé maintenant, une jeunesse se réveillera et imposera un Changement radical pour un ordre politique nouveau en usant des méthodes peu conventionnelles comme c'est le cas ces dernières années dans la partie ouest de l'Afrique. Il faut dorénavant que les élites Congolaises soient lucides et évitent que ce géant d'Afrique ne plonge dans une incertitude qui entraînerait tous ses voisins, déjà instables pour la plupart, dans la situation imprédictible. Elles doivent investir particulièrement dans le Changement de Mentalité pour mieux posséder leur pays et changer en bien le destin de son peuple.

Par définition, un Changement est en fait un acte ou une procédure par laquelle quelque chose devient différent par la modification des éléments constitutifs. Cette modification devra être profonde et bouleversante de façon à rompre avec les habitudes pour impacter l'ordre initial. En d'autres termes, il ne peut avoir de Changement que lorsqu'il y a manipulation structurelle des composantes fondamentales auxquelles s'identifient un corps. Ainsi, ne peut à priori être considéré comme ayant changé que tout corps dont l'intérieur a été affecté par une modification profonde. Pour dire donc, c'est l'intérieur qui définit si Changement a lieu ou pas. L'extérieur ne doit en aucun cas être pris pour référence de Changement, s'il n'y a pas de soubassement intérieur véritable. Cependant, il faut reconnaître que beaucoup de mouvements observés ne sont pas de Changements mais plutôt de tape l'œil ou une sorte de modification apparente destinée à tromper les communs de mortels, surtout ceux qui n'ont suffisamment pas de lucidité qui leur permet de cerner les dimensions profondes de dits mouvements. Et, puisque l'homme-matière limite sa Perception dans ce qu'il voit et entend, il est souvent facile de le soumettre dans un raisonnement sans qu'il ne s'en rende compte. C'est qui fait que beaucoup de prétendus « Changements » ne sont en réalité que des illusions d'optiques qui donnent une apparence d'une réalité vraie à première vue très superficielle. En fait, le Changement est un procédé qui consiste à déconstruire un ensemble en divers éléments à partir desquels un nouvel ensemble ayant une différente fonctionnalité, un nouveau comportement et une réaction autre le remplace. En d'autres termes, différents éléments avec la même fonctionnalité ne peuvent être considérés comme éléments de Changement, peut-on donc en déduire avec modestie. Car le but foncier d'un Changement, c'est évidemment d'avoir une nouvelle façon de fonctionner avec l'espérance d'avoir des résultats différents. Autrement dit, si le résultat est resté le même après qu'un

« Changement » a lieu, c'est soit cette « modification » n'était pas autant utile ou carrément elle n'avait jamais pris place. Lorsqu'on parle de Changement, on fait plutôt allusion aux attentes des résultats qu'il produit et non de Changement pour le Changement. Cependant, il arrive qu'un Changement reproduise de résultat identique ou voire négatif d'avant le processus. Tel est souvent le cas lorsqu'il y a eu une erreur d'appréciation et ou de vision de la part de concepteur. En effet, un corps changé est obtenu tout d'abord par le démantèlement ou la déconstruction d'un corps existant, puis la recomposition des éléments obtenus par la défragmentation du dit corps en y greffant un ou plusieurs nouveaux éléments ayant de valeurs nouvelles susceptibles de provoquer la rupture avec le comportement initial.

Au fait, le Changement doit d'abord et avant tout être un idéal et une vision. D'où, parler de Changement équivaudrait à parler des idées et des points de vue, des différences qu'il peut y avoir entre diverses visions et conceptions de la société. En d'autres termes, on ne peut parler d'un quelconque Changement que lorsqu'on a observé le fonctionnement et le comportement d'une structure, qu'on en a tiré la juste conclusion sur la nécessité d'une modification profonde de celle-ci, qu'on a une vision qui soit différente de celle qui existait et qu'on a un plan d'exécution et des agents pour un résultat différent qui soit plus mieux que ce qui est manifesté jusque-là, un résultat meilleur. En effet, un Changement a lieu sous l'impulsion des éléments nouveaux susceptibles de provoquer des incohérences entres différents éléments constitutifs de l'ensemble existant. Pour dire d'une autre manière, il ne peut y avoir de Changement sans la participation ou l'intégration d'un ou de plusieurs éléments causaux. Ainsi, penser Changement, c'est penser aux énergies et ou aux forces qui soient capables déclencher ce bouleversement de l'ordre initial. Lorsqu'on veut que l'eau soit changée en vapeur, on doit la soumettre à un certain degré élevé de température pour que celle-ci déclenche le mécanisme de transformation de ce qui est de l'état liquide à l'état gazeux. Si on veut qu'il y ait un Changement dans un domaine donné, on doit penser à d'où pourrait venir une impulsion causale qui le favorise. Dans le cas d'une République Démocratique du Congo qui a déjà souffert de la colonisation, des diverses dictatures et de la mauvaise gouvernance, pays envahi par des guerres en permanence, il lui faut une conscience nationale et surtout un leadership éclairé qui soit capable de remettre cette notion de Changement de Mentalité dans l'agenda national comme la priorité des priorités.

Partie 1

Le Congo, une république démocratique

En observant l'ossature des « petits monarques noirs » responsables de partis et groupements politiques entre les mains de qui la gestion de ce pays fut confié à son indépendance en 1960, on peut facilement en déduire que le royaume de la Belgique n'avait pas souhaité un Congo République dans le vrai sens du terme.

De la Monarchie à la République Démocratique du Congo

La République démocratique du Congo est un pays au centre des enjeux planétaires qui a toujours attiré l'attention du monde entier. Par ses richesses du sol et de sous-sol, sa géographie, ses forêts, ses cours d'eau innombrables mais aussi par des guerres à répétition qui déstabilisent, dans une certaine mesure, toute la région des grands lacs, la RDC est un pays qui pouvait jouer un rôle majeur dans le continent africain s'il était stable. Ce pays à destin planétaire connut pourtant de sérieux problèmes dès sa création. D'un côté, la question relative à la délimitation territoriale qui n'a pas été abordée en tenant compte des réalités sociologiques et historiques des peuples trouvés sur place. De l'autre côté, celle de la nature et de la forme de l'Etat mis en place au bout du processus de la colonisation. Pourtant, ces deux questions ont eu une incidence dans le fond dans la formation de la Mentalité collective qui est l'un des éléments majeurs dans la création d'une identité nationale Congolaise. Devrait-on considérer cela comme une erreur de la part de ceux qui se sont partagé les terres de ce continent ou était-ce un acte délibéré et stratégique dans le but de faire de cette partie du continent une « Terra nullius ». En fait, ce qui paraît encore comme une vue de l'esprit pour beaucoup est une réalité épistémologique pour les Congolais qui sont dépossédés de leurs terres au profit de certains multinationaux opérants pour les comptes de certains Etats. En effet, le Changement de la monarchie à la république a souvent été d'abord une conséquence d'un désir ardent de changer et aussi de l'implication populaire. A l'instar des monarchies française et Iraniennes où les populations ont été impliqué à fond dans ce processus, Ladier-Foulardi (2003) évoque la révolution iranienne pour corroborer cet argument qui remettrait en question le choix d'une République comme régime sans le désir et l'implication de peuple Congolais lui-même. Outre ces faits historiques d'envergures, il faut aussi noter que les élites en charge de cette République héritée de la colonisation n'ont pas été en mesure de bien la gérer. En effet, après plus de soixante ans d'indépendance, la gouvernance n'a été à la hauteur des enjeux de ce pays continent. Par manque de vision politique et surtout d'un personnel plus appoint pour une gestion modèle, la RDC a été aux abonnés absents dans le registre des pays émergents. Malgré toutes ses richesses et une élite universitaire en grand nombre, elle donne l'impression d'une maison dirigée par des jeunes gens sans réelle vision nationale ni ambition. Et, comme dans le cas d'un cancer métastatique, la majorité de Congolais ont été contraints à accepter cette réalité. Ayant atteint un stade où tous les traitements osés ont échoué, ce peuple se voit déjà en palliatif en attendant sa mort assurée. En effet, la forme de l'Etat et la gestion de la chose publique exercent une grande influence dans les habitudes, les comportements et la construction d'une Mentalité dans les citoyens. Partant de là, on comprend qu'il y a une possible relation entre la forme « république » de l'Etat, sa gestion et la Mentalité qui fait de la République un état d'esprit et un mode de vie. Tant que tel, il est essentiel d'avoir des animateurs qui soient républicains dans l'âme avec un esprit attaché au respect des lois, à la légalité et à l'égalité de tous devant ces mêmes lois.

La Mentalité Monarchique en RDC

La RDC fut à sa création, comme d'ailleurs la grande majorité des pays africains, un assemblage des micro-royaumes dérivé du puissant royaume Kongo. Cependant, ces entités ont conservé pour la plupart leur Mentalité Monarchique-Kongo du Pouvoir. Quoique faisant désormais partie d'une République, beaucoup ont gardé leur Perception du Pouvoir, de son accession à son exercice, où tout tourne autour de la personne du monarque et de sa famille qui ont le plein pouvoir sur les citoyens qui se comportent en sujets du royaume. C'est une appréhension de choses qui est plus perceptible dans les milieux ruraux où les pouvoirs coutumiers et traditionnels sont plus présents que l'Etat. En fait, les valeurs culturelles traditionnelles sont des fondamentales et normes sociétales pour les habitants. Les forces mystiques coutumières dans les milieux ruraux présentes dès la naissance de l'enfant et hyper présentes dans les structures sociétales rurales qui précèdent l'Etat arrivent finalement à le remplacer carrément dans le mental de ces citoyens. C'est comme ça qu'avec l'exode rural, les villageois transportent avec eux cette Mentalité « royale » dans les villes. C'est ainsi que ces citoyens-sujets qui n'ont été que très peu en contact avec pouvoir d'Etat parviennent à influencer leur nouvel environnement. En effet, leur idée traditionnelle du Pouvoir, leur Perception traditionnelle de l'autorité établie et leur appréhension de la gestion de la chose publique ne tournent pas autour des valeurs républicaines de l'Etat mais autour des dirigeants qui l'incarnent. En d'autres termes, ces citoyen-sujets voient du Pouvoir « un appel mystique » pour ceux qui dirigent ou même pour ceux qui aspirent à diriger et, la chose publique est perçue comme privée et personnelle. Ils réduisent ainsi la notion même de l'intérêt général à celle du simple bon vouloir du chef. Aussi, il faut noter que cet exode rural permet le déplacement des Mentalités souvent communautaires, ethniques et tribales vers les grandes agglomérations et, en tant que cible privilégiée, on y retrouve certes la présence de différentes cultures et traditions mais qui partagent des similarités dans leur conception du pouvoir, une conception qui est liée à leur Mentalité Monarchique. En fait, la Mentalité Monarchique Congolaise peut être définie comme étant cette façon d'appréhender la société et ou de vivre en sujet du royaume ou de la monarchie face à une autorité dont le pouvoir est perçu comme une émanation divine. On ne peut plus claire, on dirait qu'elle est une Perception de l'Etat-nation en un grand village où les dirigeants sont des grands chefs coutumiers oints des pouvoirs ancestraux incontestables et transmissibles entre descendants d'une même famille. C'est une culture qui s'observe dans les organisations socio-politiques, culturelles et même dans la fonction publique où on y voit souvent un fonctionnaire en âge de retraite être demandé de proposer son fils pour le succéder sans que cela ne gêne ni n'inquiète personne dans la République. L'autorité de chef ne peut être remise en question ni faire l'objet d'une quelconque contestation par les citoyens-sujets. En effet, les traditions et coutumes Congolaises exigent que les chefs soient adulés à défaut d'être divinisés. Cette approche est une entorse à l'esprit même de la République qui veut que tous soient égaux devant la loi. Du point de vue pratique, les coutumes et traditions Congolaises ont une prééminence sur le Pouvoir d'Etat dans le quotidien des populations en termes de Mentalité. Cependant, quand bien même les villages et l'autorité coutumière sont à la base le socle de la culture et le berceau de la République, ils doivent intégrer les valeurs fondamentales de la République pour développer l'esprit républicain. Il s'agira de créer une République qui conserve un certain nombre valeurs culturelles et traditionnelles qui contribuent à la formation d'une Identité commune.

En effet, toutes ces différentes cultures et traditions de ces différentes ethnies et tribus sont une richesse pour le pays. Cependant, elles peuvent aussi constituer des éléments de discordance et sources de conflits. Par moment, elles sont génératrices des sentiments ethnicistes et ou tribalistes. Il faudra une vision de la République qui tient compte de toutes ces richesses mais qui soit surtout capable d'inculquer l'esprit républicain aux uns et aux autres tout en respectant les valeurs coutumières et traditionnelles qui cadrent avec le droit de l'homme. En d'autres termes, il faudra chercher à bâtir une nation où l'autorité coutumière n'est ni anéantie ni effacée par le pouvoir d'Etat. Bien plus, une nation qui s'est approprié de l'essentiel de ces traditions et, les a intégrés en le rendant conforme à l'esprit de la République. Malheureusement, ces lignes de démarcations-là sont très peu lisibles et la notion du leadership national est presque impossible dans l'esprit des élites. En effet, dans l'histoire de ce pays, très peu ont réussi à s'établir comme des leaders nationaux. Dans la plupart des cas, on a assisté à la construction des leaderships à caractère ethnico-tribal. A l'aide des discours populistes, bon nombre réussissent à rassembler quelques partisans répondant aux critères souvent sociologiques. La plupart des élites de ce pays semblent ne pas s'intéresser à cette question de la création d'un leadership national. C'est une question qui est restée sans réponse depuis la mort de Patrice Emery Lumumba. Est-ce par ignorance collective de leur part ou devrait- on interpréter cette attitude (des élites) comme un aveu d'échec ou encore une preuve de plus qu'elles sont autant Monarchiques d'entendement que tout le reste de peuple ? Et même s'il faut retourner plus dans l'histoire, on peut aussi questionner la volonté de ceux qui ont été à l'origine de la création de l'Etat Indépendant du Congo en 1885 et de la formation de Congo Belge en 1905 s'il y avait une réelle volonté de leur part de faire de cette entité une République suivant les normes. Car de ces deux entités susmentionnées à la République démocratique du Congo, il n'y apparaît pas de traces solides d'un travail sérieux fait en amont pour la création d'une République. En termes de Mentalité, on n'y trouve pas de transition possible de la Monarchie à la République dans les habitants de ce pays. Bien au contraire, des sujets Belges en mission ont imposé leur Mentalité Monarchique dans une nation déjà royale d'entendement. En effet, il n'était certes pas facile de transformer un assemblage d'ethnies et tribus en une nation. Il fallait de la part des colonisateurs fournir beaucoup d'efforts et user de la pédagogie pour d'abord chercher à transformer la Mentalité Monarchique de ces peuples en républicaine. Malheureusement, en observant l'ossature des « petits monarques noirs » aux mains de qui la gestion du pays fut confiée, on peut voir que le royaume de la Belgique n'avait pas souhaité un Congo République. Tenez ! La majorité des partis et regroupements politiques étaient de connotations tribales. Leurs responsables étaient perçus comme des monarques par leurs partisans et leurs sympathisants qui sont des sujets royaux d'entendement. Ce trait de caractère est encore visible dans les organisations socio-culturelles et politiques de ce pays à ce jour.

Cependant, malgré tous les efforts consentis par le président Mobutu dans la création et la consolidation de l'unité nationale, la République a jusque-là peiné à naître faute de la forme dictatoriale de sa gestion. En effet, différents régimes qui se sont succédé dans ce pays ont contribué chacun à son niveau à l'enracinement de cette Mentalité Monarchique. Des leaderships qui s'appuyaient sur la région, l'ethnie ou la tribu du chef pour des raisons de sécurité personnelle et d'intégrité physique. Or, cet argument n'est qu'un « prétexte » pour entretenir la Mentalité Monarchique afin d'assurer, à une certaine mesure, la longévité du leadership. Malheureusement, c'est un comportement qui crée des fissures entre citoyens et empêche la construction de l'esprit républicain. Cette dimension sociologique de Changement ne semble pas intéresser le gouvernement de la République. Car changer une Mentalité *existante* nécessite essentiellement une Mentalité *de rechange*, un modèle (1) à suivre, une vision (2) de ce que l'on veut devenir et de la pédagogie (3) pour sa mise en œuvre. Or, le modèle ramené de la Belgique en 1960 n'ayant pas été foncièrement différent de celui trouvé sur place, on ne pouvait pas espérer réaliser une modification profonde d'une Mentalité Congolaise Monarchique à celle d'une République, une république souhaitée démocratique. En réalité, d'un moule métallique ne peut y ressortir un objet d'une forme autre que celle prévue par le forgeron.

Le Congolais et la Mentalité démocratique

La démocratie est ce système de gouvernement où le pouvoir et sa gestion émanent du peuple. Évoquant la dimension étymologique du terme, Vacherot Etienne (1860) la définit comme « le peuple se gouvernant lui-même ». Pour dire d'une autre manière, c'est un régime politique qui place la volonté du peuple au centre des décisions des affaires concernant la République. Par différents mécanismes qu'il trouve utiles pour ce faire, ce système s'est imposé dans le monde occidental comme le meilleur et le plus équilibré des tous. En effet, en adoptant ce système, le Congolais Monarchique d'entendement a peiné depuis 1960 à trouver le point d'équilibre qui lui permette d'avancer tout en tenant compte de sa culture, ses mœurs et traditions. Jusque-là, la démocratie dans son emballage occidental d'origine ne semble pas être appropriée pour ce peuple. Faut-il l'adapter à certaines mœurs et cultures Congolaises ou faire le contraire, c'est-à-dire adapter les systèmes Congolais issus de micro-royaumes à certaines pratiques démocratiques ? On sait aussi qu'en RDC, l'exercice de la démocratie se base sur l'ancrage sociologique et démographique. Il y a cette forte tendance pour des gens qui partagent un même espace géographique ou linguistique de s'accorder sur les questions du Pouvoir et de leadership pour des raisons purement ethniques et ou tribales. En effet, les partis et regroupements politiques ont défini ces lignes dans les premières élections qui ont précédé l'indépendance de ce pays. Ce qui fait qu'à ce jour, les mouvements politiques s'identifient par leurs leaders qui sont en réalité des leaders tribaux. La plupart des Mobutistes et les Bembistes sont Bangala, les Tshisekedistes sont de connotations Luba, Kabilistes et Katumbistes sont souvent du grand Katanga, les Gizengistes et les Fayulistes sont du grand Bandundu et ainsi de suite. Ainsi, tout pousse à croire que l'épineuse question du leadership national des années de l'indépendance est restée à ce jour non encore résolue.

Il faut reconnaître aussi que la question du remodelage de paysage politique est étroitement liée à la gestion de la République. On ne pourra favoriser l'émergence de leadership national que si le partage des responsabilités respecte l'équilibre « géopolitique national ». C'est une question fondamentale qui nécessite une réflexion plus sérieuse et approfondie et un travail laborieux en amont. Peut-être envisager à la longue un fédéralisme à l'Américaine ou à la nigériane où les pouvoirs fédéraux sont chapeautés par un pouvoir central fort pour favoriser le développement plus rapide de chaque entité fédérale et permettre d'éteindre certains foyers de conflits liés au partage du Pouvoir. Ou encore, il faudra réfléchir sur un possible régime parlementaire à la Britannique où le parlement sera le centre du Pouvoir et où les chefs coutumiers joueront un rôle protocolaire fort.

La culture démocratique ou une porte trop étroite

En effet, beaucoup d'observateurs de la politique Congolaise ont souvent déploré de la classe politique Congolaise un manque de culture démocratique. Dans ses faits et gestes, on peut clairement voir comment elle exhibe un déficit palpable de culture démocratique véritable. Tous les fondamentaux de la démocratie semblent être le cadet de ses soucis. Généralement, les lois sont taillées sur mesure en ne tenant que rarement compte de la voix de minorités. Il est certes vrai qu'en démocratie, c'est la loi de la majorité qui prime. Cependant pour des raisons d'équilibre social, sa culture exige à ce que la voix de la minorité soit entendue et prise en compte dans les décisions. En RDC, les lois qui sont censées être impersonnelles sont conçues, interprétées et utilisées généralement pour le bonheur de ceux qui incarnent le Pouvoir. En effet, l'imposition de la volonté de ceux qui sont en position de force à vouloir faire cavalier seul par le passage en force des lois met en mal la construction d'une culture démocratique vraie. Or en démocratie, les idées ne doivent pas être imposées. Il est essentiel de les laisser s'imposer d'elles-mêmes après débats contradictoires ouverts et sincères car lorsque la majorité au pouvoir cherche à écraser les oppositions, celles-ci choisissent souvent la résistance par réflexe de survie. Elles adoptent un discours populiste contre le pouvoir pour faire entendre leurs voix. En fait, lorsque les oppositions ne trouvent plus leur place dans les bâtiments officiels, elles sont dans la posture de « tous les moyens sont bons ». Quitte à mettre en difficulté le Pouvoir en place et à déstabiliser les institutions du pays. L'autre fait intriguant, qui semble devenir pourtant normal et banal dans les organisations politiques Congolaises, c'est que les leaders ont trop de pouvoir tandis que leurs collaborateurs sont carrément réduits à une caisse de résonance. Il n'y a pas de concertation ou de consultation de cadres pour des questions qui nécessitent des décisions importantes. D'ailleurs, la majorité des formations politiques adoptent la position et s'adaptent à la seule voix de leurs leaders sans débat interne. En réalité, très peu sont des collaborateurs dans le vrai sens du terme. C'est-à-dire des gens qui sont capables de montrer au chef ses erreurs et de lui proposer un autre schéma, si nécessaire. Bien au contraire, ce sont des moutons de panurges qui suivent leur berger même dans un ravin. Ils sont disciples éternels, privés de discernement et enfermés dans une Mentalité de « magister dixit ». Pour eux, c'est la voix du maître et du maître seul qui compte. Ils réduisent ainsi l'existence entière de leurs formations politiques à la vie de leurs leaders, des êtres dont l'existence est éphémère. En effet, lorsque le leader a un pouvoir trop grand, il y a risque de confiscation de la culture de débat interne. Car toute idée devra s'aligner à la sienne. En réalité, ces autorités morales, fondateurs et donateurs des partis et regroupements politiques dont la pensée fait office de parole d'évangile sont tous au fond des « dictateurs en gestation ». Voilà pourquoi on assiste à des congrès qui ne sont organisés que pour entériner les décisions préalablement conçues et allant dans le sens de la seule volonté des leaders. En lieu et place d'être des plateformes politiques pépinières de la culture démocratique, on assiste plutôt à un semblant de démocratie limitée dans la nomenclature sans consistance. Ce sont des démocraties dans la forme et non dans le fond, démocraties de pacotille, sources et berceaux de la dictature et, des endroits où les libertés sont confisquées. Surtout lorsqu'une opinion va à l'encontre des desiderata de leaders.

Les Libertés en RDC

Les libertés sont d'une importance telle qu'aucun citoyen n'accepterait d'en être privée en démocratie. Elles sont fondamentales car elles garantissent la justice, la culture démocratique ainsi que la Mentalité qui en découle. En d'autres termes, on ne peut pas parler de la démocratie là où les libertés sont restreintes, enfreintes ou voire bannies. Il n'y a pas de démocratie sans débat libre et sans contradiction. Cependant, il ne peut y avoir de débat libre et constructif dans la contradiction positive sans tolérance. En fait, les libertés sont une expression de la souveraineté. Elles permettent l'exercice transparent de la démocratie dans une République. Pour Etienne Vacherot (1860), « la liberté est donc le vrai, l'unique principe de droit ». En fait, on ne peut pas faire le choix de la démocratie et de la privation des libertés en même temps. Sauf pour des raisons de sécurité d'Etat, la privation des libertés enlève toute substance dans le fonctionnement même de la démocratie. Cependant, ces mêmes libertés ne devraient pas faire le lit de quelconques libertinages, ces dérapages qui peuvent être très coûteux pour cette même démocratie. Elles doivent être exercées dans la légalité pour permettre une respiration saine de la démocratie. Comme école, elles sont un sujet d'apprentissage et une entente intelligente pour la bonne marche d'une société donnée. Pour dire en d'autres termes et d'une autre manière, les libertés, quelles qu'elles soient, ne doivent pas non plus constituer une entrave à la démocratie. En fait, cette notion des libertés est très perplexe. Il faut aussi savoir que ce qui est considéré comme une expression des libertés dans tel environnement peut être un tabou dans tel autre. Tout est question des cultures, des traditions et des mœurs de chacun des sous-ensembles. En effet, une telle entente intelligente est très importante surtout dans le cas de la RDC où fusent insultes et injures, calomnies et mensonges, querelles et bagarres, des attitudes qui démontrent l'intolérance. Dans ce chantier démocratique où le Pouvoir cherche quelquefois à restreindre les libertés et où les oppositions en veulent un peu de trop, il faut que les uns et les autres adoptent une attitude responsable d'hommes d'Etat dans leur quête ou exercice de libertés pour ne pas museler la démocratie encore moins paralyser l'Etat.

En effet, depuis la date historique du 24 avril 1990, l'espace politique Congolais connaît une évolution majeure. L'ouverture de l'espace médiatique longtemps muselé par le régime autoritaire de Mobutu faisait ses premiers pas vers la liberté d'expression, un exercice qui connut défoulement et surtout débordement. Avec la convocation de la Conférence Nationale Souveraine, les oppositions et « la rue » ont trouvé dans ce forum politique national une occasion d'en découdre avec le dictateur président. Cependant, ces assises historiques eurent néanmoins permis de jeter de jalons de la culture de débat et d'échange dans la classe politique et dans l'opinion publique. On pouvait constater la qualité croissante de débats entre différents acteurs politiques. Malheureusement, avec l'arrivée en 1997 des armées de certains pays de la sous-région dans le cadre de la « rébellion » de l'Alliance des Force Démocratique de Libération, cet élan connut un frein. En effet, la suspension de la constitution de la République par le nouveau leadership fut un coup dur majeur pour le processus de la démocratisation qui perdit alors tout son sens. Il s'ensuivit la mise en place des « tribunaux populaires » qui a favorisé la culture d'exactions extrajudiciaires et publiques dans les populations de grandes villes. Des voleurs sont lapidés ici et des bandits sont brûlés vifs là-bas. En un temps record, la République fut transformée en une « jungle » et ses populations en un tas de « non civilisées » capables d'appliquer sans remord la loi du talion. Ce sont des comportements qui ont favorisé la culture d'extrême violence chez les jeunes, une culture d'agressivité sans précédent qui n'a fait que se renforcer au fil des années dans la capitale Kinshasa. Le régime d'Afdl a causé plus de tort à la République que les deux régimes qui l'ont précédé.

A part cette culture de violence à grande échelle, la guerre importée depuis 1996 pour chasser Mobutu n'a jamais vraiment pris fin. Elle n'a fait que changer de forme. Ce n'était donc qu'un prétexte fallacieux pour organiser les pillages de ce pays. Même l'organisation des élections censées renforcer la démocratie est mise en place en réalité pour maintenir l'ordre « Afdlien ». Les lois électorales taillées sur mesure et les résultats des élections imposés au peuple qui est pourtant le souverain primaire. Ainsi, la démocratie est restée de façade et les Congolais sont maintenus dans leur pauvreté. Tandis que les politiciens sous leurs autorités morales sont plus riches que ceux sous le régime décrié de Mobutu. En clair, du point de vue de beaucoup d'observateurs de la politique Congolaise, l'Afdl n'était qu'une machine à régression de la République et de la démocratie.

La Communication Politique ou le Fanatisme.

Les communicateurs ont réussi à polluer l'environnement politique. La démagogie et le populisme sont devenus des denrées de premières nécessités dans chacune de leurs prises de parole. En effet, depuis quelques années, il s'observe une absence abasourdissante des acteurs politiques majeurs dans les émissions et débats dans les médias. Ils préfèrent se servir des leurs lieutenants et ou fanatiques pour jouer aux « communicateurs politiques » dans des médias souvent partisans et cosmétiques. Pour attirer la sympathie des auditeurs, ils sont en permanence dans un état d'esprit de campagne électorale et dans la propagande. Le collage des éléments avec des incohérences palpables de raisonnement pour satisfaire les autorités morales. Les mots sont choisis, les verbes et les phrases sélectionnés et les éléments de langage constituant une rhétorique cadrant avec une interprétation souvent tordue et manipulatrice des faits pour défendre son leader et ou pour attaquer un adversaire politique fusent de tous les côtés. Toute realpolitik, toute objectivité dans le raisonnement et toute intelligence pure laissent la place à des discours truffés de mensonges et de contre- vérités. En réalité, ce sont des discours conçus pour trafiquer une certaine opinion publique, souvent faible d'esprit, en vue de l'embarquer vers la destination de leur choix. En effet, en analysant les discours de la plupart des leaders politiques, on a l'impression qu'ils sont destinés aux enfants dont les capacités cognitives et analytiques ne sont pas encore tout à fait développées. Car, dans leurs échanges, très peu avancent des chiffres pour appuyer leurs arguments afin de convaincre. Ceux du Pouvoir sont dans l'imaginaire et nourrissent des promesses souvent irréalistes. Tandis que les oppositions à la quête de popularité pour le Pouvoir sont dans la posture populiste de déni de tout. En constante et systématique contestation de faits, elles sont dans des rhétoriques destinées à tordre la raison. En effet, parfois ces hommes politiques sont prêts à tout pour avoir l'assentiment de la population. Et, étant donné que la foi est perçue comme un argument de taille dans un pays où la majorité sont des croyants et quoique n'ayant pas de soubassements objectifs, construire une logique politique partant d'arguments basés sur une croyance religieuse parait essentiel. En effet, la rhétorique politico-religieuse est un outil de persuasion efficace qui affecte le mieux la Mentalité. Elle est payante et a la capacité de « justifier », même sans argument factuel, des incohérences de raisonnement. C'est aussi dans ce même ordre d'idée que certains ont développé une rhétorique ethniciste et ou tribaliste qui consiste à encenser la suprématie d'une ethnie et ou d'une tribu sur d'autres en se basant sur une « onction » des forces mystiques ancestrales car ils sont convaincus d'être l'incarnation même du Pouvoir. C'est cette approche extrémiste qui engendre le terrorisme. En réalité, ces gens sont capables de tout inventer dans le but d'assouvir les désirs gloutons et égoïstes de certains leaderships assoiffés du Pouvoir à tout prix. En lieu et place de s'incliner devant la volonté populaire et mettre en avant la cohésion nationale, beaucoup sont prêts à tout. Quitte à la saborder en adoptant un discours rétrograde teinté de populisme tribaliste. En effet, le populisme résiste aux faits. Il est anti-intellectualisme et propose une offre politique creuse qui est basée sur l'abstrait. Malheureusement, ce sont des populations à peine lettrées qui tombent facilement dans ce piège. Par manque de capacité analytique profonde pour décider en toute indépendance, elles deviennent victimes de la démagogie et du populisme en réduisant la démocratie en une simple expression de la volonté des autorités morales subtilement imposée au peuple. Or, la démocratie, c'est persuader au moyen d'arguments objectifs et factuels et non pas par des élucubrations spirituelles et incantations mystiques. En fait, toutes rhétoriques politiques basées sur la démagogie et le populisme appauvrissent l'esprit critique des citoyens, les rendent incapables de réfléchir en toute liberté sur des sujets d'intérêts communs et placent en même temps leurs espoirs sur les autorités morales qu'ils considèrent comme auteurs des solutions-miracles et de Changement.

La Gestion de la République et la Mentalité Congolaise

Selon Platon, la République, c'est d'abord l'intérêt général dans sa manière de pourvoir les services, par la redistribution équilibrée des revenus et par sa capacité d'établir une justice pour tous. En effet, il faut retenir que lorsque les richesses sont redistribuées de façon déséquilibrée, cela crée des frustrations et développe une certaine Perception collective dans les populations. En fait, la Perception de l'appareil de l'Etat et de ses animateurs est en grande partie responsable d'un certain nombre des habitudes et comportements du reste de peuple. Car, le peuple est ce témoin généralement silencieux qui observe et voit tout. En effet, la manière de gérer une République joue un rôle majeur dans le comportement collectif des citoyens. Ainsi, la question du choix des animateurs des institutions, des ministères et autres est essentielle dans la formation de Mentalité collective. La République en tant que bien commun nécessite qu'elle soit gérée pour le bien-être de tous. En principe, les personnels politiques et tous ceux qui participent à sa gestion à quelques niveaux que ce soient sont là comme employés et non employeurs. Il faut que ce soient des gens qui pensent et réfléchissent « l'État » et qui dorment et se réveillent « l'Etat ». En d'autres termes, il faut que cette responsabilité soit confiée à ces hommes et ces femmes qui peuvent incarner l'Etat dans le sens de servir et non de se servir. Malheureusement, la plupart de ceux qui sont promus à des postes de responsabilité à intérêt général inversent leurs rôles. Au lieu de servir l'Etat, c'est ce dernier qui le sert. Il y a donc là un sérieux problème de casting. Le choix et la répartition des responsabilités sont faits par récompenses politiques. Ce sont ces collaborateurs qui ont été fidèles au chef et au parti qui sont promus. De fois, ils le sont sans tenir compte de leurs capacités managériales et leur intégrité morale. En fait, les hommes politiques Congolais perçoivent la République et le Pouvoir comme un butin de guerre à se partager dès lors qu'on accède aux fonctions d'État. Et pourtant, c'est une Mentalité qui réduit toute une République en un cercle des compagnons de lutte et des copains qui du reste sont là pour amasser de l'argent et se faire une santé financière. Loin des desiderata qui ont animé leur combat, ces gens arrivent à prendre leur propre chef en otage en le plaçant dans des conditions psychologiques de redevabilité qui le contraignent de ne choisir que dans un cercle de gens bien identifiés ceux qui doivent gérer les affaires de l'Etat. En réalité, le simple fait d'être fidèle à un leader ou à sa vision ne rend pas un collaborateur aguerri pour participer à la gestion de la République. Étant un bien commun, sa gouvernance exige qu'elle soit confiée aux hommes et femmes qui possèdent des atouts et connaissances requises capables de relever les défis de la République, des hommes et des femmes d'Etat.

Les Compétences et expertises

En vérité, ce pays à innombrables richesses stratégiques a longtemps souffert dans sa gestion faute de compétences et d'expertises nécessaires pouvant l'aider à exploiter durablement de toutes ses richesses. Classé parmi les pays plus pauvres au monde, l'amateurisme à divers niveaux l'a empêché jusque-là de décoller. En effet, il faut retenir que les compétences et les expertises ne proviennent pas de génération spontanée, où l'on peut s'attendre au résultat sans investissement préalable. Il faut les chercher et ou les créer. La République est censée être une machine de recherche et de création des compétences et l'éducation nationale en est un domaine fondamental. Et pourtant, c'est ce même domaine qui est resté pendant des décennies un chantier qui a titubé en République démocratique du Congo : programmes d'enseignements inadéquats et non adaptés aux besoins réels, immédiats ou à long terme du pays. Il y a aussi les domaines primordiaux d'investissements tels que l'agriculture, la sécurité, la nouvelle technologie qui sont relégués au profit de ceux déjà saturés.

En outre, pour des raisons diverses liées sûrement au clientélisme et au népotisme, le peu de compétences et d'expertises encore disponibles dans ce pays sont négligées aux profits de celles qui viennent de l'extérieur. Et pourtant, les utiliser aurait motivé les autres à se sacrifier pour faire partie du lot. En effet, la République ne contribue nullement par ce comportement à la création et ou à la promotion des compétences et expertises internes. Il y a par exemple une très grande disproportion dans les rémunérations des services rendus entre les nationaux et les expatriés. Comment peut-on comprendre qu'un expert expatrié puisse percevoir dix fois plus que ce que perçoit un fils du pays pour un même travail ? En effet, c'est une observation perceptible dans presque tous les domaines. Un jeune musicien nigérian invité au Congo, un architecte sud-africain, un médecin indien, un professeur malien ou footballeur Camerounais perçoit plusieurs fois plus de revenus pour un même travail que ferait un Congolais. C'est un manque de respect pour des experts nationaux et surtout pour la science qu'ils maîtrisent pourtant tous. En effet, au niveau de l'Etat, la compétence et l'expertise sont deux maîtres mots pour la réussite d'un projet. Ou on les a et on les utilise et les valorise. Dans le cas contraire, on les cherche ou on les crée. Il n'y a pas d'autres alternatives. Car faire de l'à peu près, c'est de l'amateurisme avec toutes les conséquences qui en découlent.

La République est appelée à s'investir et à veiller sur tous les aspects liés à l'éducation. Partant des programmes scolaires aux curriculums mais aussi et surtout aux salaires des personnels de l'enseignement et autres qui doivent être priorisés. En effet, en RDC, l'enseignant est celui qui saigne le plus. Tantôt sous-payé tantôt impayé du tout, il se voit comme forcer de se lancer dans la culture d'immoralité et de corruption. C'est comme ça, par instinct de survie, certains enseignants n'ont pas pu résister et ont opté pour la vente des syllabus comme « gage » pour étudiant de passer de niveau. Et pourtant, chaque institution académique sous d'autres cieux possède une librairie bien équipée pour soutenir ses étudiants. En effet, les librairies, bibliothèques, musées et autres sont presque inexistants. Pourtant, ce sont des investissements utiles à la fabrication des compétences. Néanmoins, avec le programme amorcé de la gratuité de l'enseignement en 2020, ce pays fait un vrai pas en avant pour une réponse durable à cette question majeure de l'éducation nationale qui est une source de fabrication des compétences pour la République. Il lui reste à se concentrer sur l'amélioration de la qualité des personnels et la promotion des programmes d'utilités en orientant des ressources nécessaires dans la formation des élites qui maîtrisent ce domaine particulier et préalablement identifiés pour le bien-être commun.

Pour ce qui concerne la formation des élites, cette question majeure trouve ses racines un peu plus loin dans l'histoire de la colonisation. Il suffit de compter le nombre insignifiant des cadres universitaires qu'avait ce pays à son accession à la souveraineté le 30 juin 1960 pour comprendre que la Belgique n'avait vraiment pas l'intention de le quitter. Si on doit noter, il faudra aussi noter que les investissements de la deuxième république dans la formation des élites dans plusieurs domaines pour répondre dans la durée à la question relative à la création des compétences ont vu leur élan être cassé net par les hommes de la coalition d'Afdl. Pas très préparés à une gestion responsable de la République, les tombeurs de Mobutu ont consacré l'amateurisme comme norme de gestion du pays. Sous une « administration » des sans loi, ce régime remit tout à plat. Tous les efforts fournis pendant les deux premières Républiques ont été sabotés. Les domaines stratégiques de l'Etat ont été confiés à des personnes non qualifiées, non rodées et amateurs. On pouvait observer des jeunes gens d'une vingtaine d'années bombardés officiers supérieurs militaires. De grades qui nécessitent des formations de plusieurs années dans des académies militaires. Souvent sous l'égide de la communauté internationale et sous prétexte de chercher à rétablir la paix, les opérations contre productives pour la République des mixages et des brassages des armées belligérantes ont réussi à infiltrer et à torpiller un investissement aussi colossal de plus de trois décennies.

Le Clientélisme et le Népotisme

La recherche des compétences est un gage d'une gouvernance responsable. Car elle empêche les gestionnaires de la chose publique d'abuser de leurs fonctions et de favoriser les recrutements de leurs proches. En RDC, on constate que le clientélisme et le népotisme ont pris des racines solides, surtout dans la sphère politique. Des membres d'une même famille restreinte sont promus à des hautes fonctions de l'Etat pour le compte d'un même parti ou regroupement politique. Dans ces nominations immorales et honteuses, l'un est nommé comme ministre, l'autre comme vice-ministre, un autre encore comme mandataire d'une entreprise publique. Étant sortis des entrailles du népotisme, chacun va engendrer des membres de famille et amis comme directeur de cabinet, conseiller et autres. Le comble dans cette façon de fonctionner est que cela ne semble déranger personne. Ce vice dangereux pour la construction d'une République équilibrée semble être normalisé dans ce pays. En effet, de plus en plus le clientélisme et le népotisme s'établissent comme Mentalité dans la gestion de la chose publique de moins en moins les compétences auront leur place dans la gouvernance et le sillage de Pouvoir et, par conséquent, les résultats escomptés ne seront pas non plus au rendez-vous. Au fait, c'est l'amateurisme qui favorise l'enracinement des telles Mentalités en gouvernance normale. Car étant tous embarqués dans une telle entreprise, personne ne travaillera à le changer au risque de faire couler tout le navire. Il faudra en RDC un Pouvoir qui arrête le Pouvoir pour stopper cette hémorragie. Il doit y avoir des lois d'accompagnement, d'encadrement et des mécanismes efficaces de contrôle et surtout des sanctions exemplaires contre tous ceux qui outrepassent leurs prérogatives. Ceci est un vrai défi de la République. On sait aussi que dans la culture africaine, lorsqu'on est élevé on devient un pilier pour la famille. En tant que tel, la tradition exige à avoir un regard de générosité obligatoire envers les siens. En effet, ces fléaux ont pris tellement de racines qu'ils sont devenus invisibles. Ceux qui s'engagent en politique le font dans la perspective de participer à la gestion de la République pour bénéficier et faire bénéficier leurs proches de la manne du pays. A chacun donc son tour, quitte à laisser sombrer la République.

Le Régionalisme et le Tribalisme

Ces deux Mentalités sont deux poisons mortels qui détruisent la République. En Afrique Sub-saharienne, il y a une attitude qui tend à identifier un régime par la région ou la tribu du leader qui l'incarne. Au temps du Président Mobutu, le pouvoir eut une connotation Bangala et Ngbandi en référence de la province et de la tribu dont il était originaire. Cependant, cette Mentalité a réussi à faire son chemin en toute quiétude dans les régimes qui l'ont succédé. En effet, au-delà de ce qui pouvait être pris comme une simple connotation, chaque régime semblait pourtant lui donner de la substance en faisant participer, en nombre et dans l'octroi des postes stratégiques, des personnes appartenant à la même souche régionale et tribale que le leader. Il est ici important de rappeler une fois encore que la République démocratique du Congo ne fût qu'un assemblage des ethnies qui devraient constituer une nation avec le temps. Et pourtant, chacun des régimes a ramené son lot de régionalisme et de tribalisme selon des échelles différentes. Y a-t-il un seul régime qui n'eut pas manifesté cet élan tribaliste ? c'est une Mentalité rétrograde et un virus contre la construction d'une nation forte que de regarder une tribu comme étant supérieure aux autres. En général, c'est une approche qui est répandue dans la manière de faire de la politique, surtout dans ses volets de la conquête et de la conservation du Pouvoir. Les hommes politiques ne sont pas souvent moraux lorsqu'il s'agit de la question du Pouvoir. Certains vont plus loin quitte à sacrifier la cohésion sociale et ou l'unité nationale en jouant sur la fibre tribale pour des raisons de leur Pouvoir. En effet, John Lonsdale argumente dans son article sur *Ethnicité, morale et tribalisme politique* publié en 1996 que « La lutte factionnelle pour le contrôle de pouvoir suprême de l'Etat a contribué à façonner les distinctions ethniques au sein même de la société ». Comme pour dire, la gestion telle que décriée dans ce pays est en fait une construction qui vient de la base. Pour Lonsdale, le tribalisme et le régionalisme comme mode de gestion sont une Mentalité qui est volontairement construite par les élites politiques. En fait, à partir de cette discrimination basée sur le tribaliste naissent deux sentiments qui provoquent de l'antagonisme entre citoyens d'une même nation. Ceux qui sont taxés de tribalistes crient à la haine tribale et se victimisent. Tandis que les autres se recroquevillent dans la victimisation et sont poussés à la xénophobie. Ces sentiments d'extrémisme sont des prémices d'une possible guerre civile et bien plus d'une probable balkanisation en douceur. En effet, on ne doit pas ignorer que les leaderships tribalistes peuvent être à l'origine du démembrement d'un pays en brandissant simplement le droit d'autodétermination des peuples comme prétexte. Les Congolais étant tribaux de souches, une telle entreprise tentée échouera difficilement. Il faut donc que l'Etat hausse le ton et utilise le bâton en condamnant avec fermeté ces Mentalités qui détruisent la cohésion nationale et la République avant qu'il ne soit trop tard. Les politiques doivent tous intégrer que ce pays est une nation-chantier où le partage des responsabilités doit tenir compte de l'équilibre sociologique et de la géographie politique nationale.

La Clochardisation de la population

En effet, les inégalités sociales et le partage inéquitable des revenus de l'Etat ont entretenu la pauvreté en République démocratique du Congo. Les populations paupérisées et mises dos au mur sont à la recherche des voies et moyens à même de survivre. Tenues en laisse par sa classe dirigeante, les populations déjà condamnées à vivre avec moins d'un dollar par jour et, prises au piège par cette pauvreté « imposée », deviennent comme des animaux dans une cage qui attendent du bon vouloir de leur maître pour manger. D'ailleurs, la plupart se sont dépouillé de leurs manteaux « d'ayants-droits » à qui ces dirigeants devraient rendre compte et regardent de très mauvais œil la politique. A l'image des grands félins apprivoisés dans les grands cirques, elles chantent et dansent au pas de ces mêmes dirigeants souvent irresponsables qui leur pourrissent la vie. Ces populations clochardisées et réduites en mendiants finissent par célébrer leurs bourreaux. En effet, conditionnées comme des *chiens de Pavlov*, elles encensent et adulent des gens par le simple fait de savoir qu'ils sont politiciens, agents de l'Etat et autres. Car, comment comprendre qu'un cadre de l'Etat interpellé, incarcéré, jugé et condamné pour détournement des deniers publics soit de nouveau acclamé par des foules denses ? Il est inconcevable dans les conditions psychiques normales qu'une telle attitude soit observée dans une nation mature. Si dans la jungle, les antilopes et les gazelles ne se font jamais amies au félin qui venait de dévorer l'une de leurs, comment donc des hommes intelligibles peuvent faire exactement le contraire ? Il est vrai qu'à force de ne pas être en mesure de répondre aux besoins vitaux, beaucoup ont développé un certain attachement et de l'affection pour leurs bourreaux. Ce « syndrome de Stockholm » les aide à survivre des conditions qu'ils croient être sans issue. En effet, Edmundo Oliviero (2005) définit ce concept comme étant cette condition où « l'être humain se laisse guider par ses sentiments, qu'ils soient d'attraction ou du rejet dont la manifestation est diagnosticable au vu du constat de deux symptômes : le sentiment de sympathie de la victime pour son agresseur et celui de l'agresseur pour sa victime ».

En effet, cette Mentalité devenue collective peut aussi être observée au niveau de fonctionnement de l'appareil d'Etat lui- même. Tantôt on identifie certains dans la communauté internationale comme fossoyeurs de la République démocratique du Congo mais en même temps on court derrière eux pour demander de l'aide au développement et l'appuis au gouvernement. Certains Etats sont nommément cités comme « pays agresseurs » par les autorités mais en même temps leurs représentations diplomatiques sont encore bien présentes et ouvertes en RDC. Cette ambiguïté laisse penser à une certaine Mentalité enfantine caractérisée par un égocentrisme d'enfant qui manque totalement de réalisme. Dans sa théorie de l'Égocentrisme, Jean Piaget dit que l'enfant est convaincu que son point de vue est celui du monde. En fait pour lui, l'enfant n'a pas la conscience qui l'aide à établir « de limite entre le subjectif et l'objectif » et, par conséquent, il peut être assimilé à un malade mental. Si donc cette théorie de Piaget devait être appliqué sur la RDC, il qualifierait ce pays à ressources inégalées « d'un Etat-Autiste », un Etat qui se réduit en une entité lèche-botte où « Tout est croyance spontanée et affirmation sans contrôle et il n'y a ainsi pas d'objectivité réelle, mais simplement l'illusion continuelle d'être en accord avec tout le monde ». En fait, un lèche-botte est un esclave. Peu importe combien son entreprise lui rapporte, il demeure esclave. En réalité, tout Etat qui a développé une attitude qui consiste à tout attendre des autres accepte d'être un lèche-botte et un État vassal qui représente les intérêts des Etats maîtres et qui renonce de facto à sa propre souveraineté. La République Démocratique du Congo a souffert pendant longtemps de ces choses. Il suffit d'observer « l'indifférence » de la communauté internationale face aux défis sécuritaires les plus meurtriers de ces dernières décennies qui la secouent pour comprendre. Ainsi, l'Etat Congolais doit tout faire pour acquérir une certaine maturité et se faire respecter à l'interne tout comme à l'externe. Les dirigeants doivent devenir capables de prendre des décisions en toute liberté et souveraineté pour le pays.

Les Deux importantes pièces manquantes du puzzle

En effet, penser la République, c'est penser l'intérêt général. Ceux qui occupent des postes des responsabilités d'intérêt général doivent avoir en permanence dans leur esprit « le devoir de redevabilité » comme leitmotive dans leur approche. Cela doit être intégré comme une Mentalité dans l'esprit de tous ceux qui aspirent à des responsabilités publiques. Car lorsqu'on est soumis au devoir de redevabilité, on est contraint de fonctionner dans les limites de ses prérogatives et dans le respect des biens communs, et on travaille pour les résultats escomptés pour le bonheur de tous. En RDC, la Mentalité de « refus d'assumer ses responsabilités » des dirigeants née de système bâti sur le clientélisme et le népotisme, le régionalisme et le tribalisme et de l'incompétence a longtemps empêché le décollage de ce pays.

En effet, la gestion, c'est d'abord le cahier de charge puis l'animateur et enfin le contrôleur. Lorsqu'on accepte de gérer un bien commun, on accepte implicitement le principe de rendre compte et de justifier sa gestion aux bénéficiaires. En fait, un responsable qui n'est pas redevable ne peut pas être considéré comme tel. Car la République n'est pas une propriété privée de quelqu'un ou de quelques individus mais un en-commun et sa gestion ne doit être confiée qu'aux citoyens conscients de se soumettre à l'approbation du propriétaire (le peuple) et à la justice qui est un instrument de rétribution et ou de réprimande pour tout agent qui faillit dans ses responsabilités. Mark Bovens définit la redevabilité comme étant la « relation entre un acteur et un forum, dans laquelle l'acteur a l'obligation d'expliquer et de justifier sa conduite, le forum peut poser des questions et rendre des jugements et l'acteur peut faire face aux conséquences ». Cependant en RDC, beaucoup font de l'amalgame dans leur compréhension du lien qui existe entre le leadership et la propriété. En effet, ceux qui sont placés comme dirigeants d'entités ou entreprises publiques doivent intégrer dans leur esprit qu'ils sont sous le leadership (vision ou patronage) de celui qui les a recrutés et que tous les deux sont sous l'approbation du propriétaire qui est le peuple. Aussi, pour être redevable, il faut que chaque dirigeant soit au courant de sa description d'emploi et du plan d'exécution. Dans la plupart des cas, les gens connaissent leur intitulé de poste mais pas leur description d'emploi ou de tâche. C'est comme cela que le travail n'est souvent pas réalisé selon les qualités requises et surtout dans les délais. Au contraire, ils tombent dans le piège qui consiste à outrepasser leur champ de compétence en croyant tout faire pour ne rien faire à la fin.

L'autre pièce manquante dans ce puzzle, c'est évidemment le civisme. En effet, à voir la façon de se comporter des citoyens Congolais vis-à-vis des biens publics, on peut réaliser combien ils participent eux-mêmes à la destruction de ce qui leur revient. En fait, le Congolais n'a plus un bon degré de civisme. Dans son esprit, ce qui lui appartient, c'est seulement ce qui porte formellement son nom, donc une propriété privée. Il n'a pas encore bien intégré dans sa conscience la notion du bien public et d'intérêt commun. Raison sûrement pour laquelle, il n'est généralement pas capable de le protéger. Il est vrai que tout bien public d'utilité commune est d'office objet de la protection par l'Etat en tant que grand organisateur de la société, mais aussi des citoyens eux-mêmes ont une part de responsabilité énorme. En d'autres termes, tout citoyen a le devoir civique et moral d'en faire bon usage et de le protéger. Cependant, lorsqu'on observe certains comportements des usagers de routes ou édifices publics, on se demande si les citoyens Congolais sont vraiment conscients d'en être propriétaires ou c'est seulement la République qui a failli dans son devoir de les conscientiser ou carrément les contraindre. Des maisons et commerces construits sur des voies publiques, des épaves des véhicules stationnés pendant des années sur des voies publiques, des poubelles jetées dans des terrains de football pour jeunes et autres. Ce sont-là des indices qui révèlent le degré d'ignorance de tout un peuple.

A regarder de plus près, on constate que la République a aussi une part de responsabilité énorme dans ce comportement collectif des citoyens. Car, combien de fois elle a mis des garde-fous à chaque fois qu'une route ou un édifice à intérêt général a été construit pour sa maintenance ? Bien au contraire, elle a souvent montré un très mauvais exemple en les abandonnant sans suivi et ou, dans certains cas, en les spoliant au profit de certains individus. Tout ceci sans compter le fait que les maisons et bâtiments publics, des parcs et des terrains de jeux pour jeunes sont vendus, des rues et avenues publiques « privatisées » et barricadées. En réalité, tout cela contribue à la déconstruction et à la déformation de la Perception collective et, bien évidemment, du comportement des citoyens vis-à-vis des biens communs. Pour dire d'une autre manière, à part le fait de n'être systématiquement pas éduqués sur le plan civique et moral, la plupart des citoyens Congolais perçoivent les biens communs comme appartenant à une République qu'ils n'en feraient pas parti, une République exclusive aux politiciens, militaires et officiers supérieurs et aux puissants hommes d'affaires. C'est un défaut de percevoir que la République doit changer à tout prix. Car lorsqu'on ne réalise pas qu'on est tout aussi bénéficiaire et responsable d'un bien commun, on ne se sentira pas non plus redevable. Ainsi, les citoyens Congolais dans sa grande majorité et tout comme la République ont failli dans leurs responsabilités dans la gestion des-en-commun par manque de conscience civique. Que ce soit la République, qui est censée en faire la promotion et veiller à ce que la population l'intègre, tout comme la population dans sa grande majorité ont fait montre depuis quelques décennies d'un degré d'incivisme qui laisse perplexes les observateurs.

En résumé, il faut noter que le Congo déclaré République et voulu démocratique a souffert depuis sa création d'un déficit de niveau comportemental qui a eu des incidences dans le développement de ce pays. Les populations autochtones et sujets des micro-royaumes se sont vu être déclarés citoyens d'une République dont ils n'avaient pas été concepteurs et dont ils n'en avaient surement pas la vision. Ayant une Mentalité Monarchique et une conception mystique de pouvoir qui est une attitude contre l'esprit de la démocratie qui reconnaît du pouvoir une émanation du peuple et où les chefs n'en sont que des représentant soumis à un mandat, ces citoyens rendent dérisoire leur propre souveraineté et par ricochet, remettent en question toute la quintessence de la notion de démocratie et de République. En effet, la République déclarée par les colonisateurs Belges et cooptée par une poignée des Congolais « évolués » n'a pas réussi à inculquer un esprit républicain dans la Mentalité des citoyens Congolais. En réalité, la plupart de Congolais sont restés loyaux aux valeurs Monarchiques et royales ancestrales faute de programme pédagogique adéquat. En effet, la démocratie ne fut pas non plus une volonté propre des Congolais. Et, quand bien même elle l'aurait été, ils ne furent pas préparés à l'embrasser. En fait, ni les populations ni même la maigre élite intellectuelle des années qui ont précédé l'accession du pays à la souveraineté internationale ne furent aptes pour conduire un tel projet aux racines venues d'ailleurs. Bien au contraire, ce projet a été utilisé dès le début pour renforcer la Mentalité Monarchique. Souvent, ceux qui sont à la manœuvre au pouvoir ne supportant pas la contradiction se servent d'elle pour taire toute opposition. Tandis que les oppositions croyant en leur « destin divin » d'accéder aux pouvoir, cherchent à ternir l'image en discréditant leurs adversaires politiques au pouvoir.

En effet, tantôt c'est la privation de liberté tantôt c'est le libertinage, les Congolais peinent à trouver le point d'équilibre dans cette notion fondamentale de la démocratie. Aussi, La façon de se comporter de la classe politique et des sujets- citoyens a beaucoup contribué à maintenir la République sous la Mentalité Monarchique dans la gestion des affaires de l'Etat. Le régionalisme, tribalisme, le clientélisme et le népotisme ont contribué à la clochardisation des populations de ce pays faisant de la recherche des compétences et d'expertise une question secondaire dans la gestion de la République. En lieu et place de se battre pour développer le pays, les élites politiques sont dans une guerre permanente à haute intensité soit pour se maintenir ou pour accéder au pouvoir à tout prix, quitte à tout détruire. En utilisant la démagogie et le populisme pour atteindre leurs objectifs, elles sont dans des rhétoriques politico-religieuses à outrance et abrutissent ces populations qui ont pourtant besoin de la pédagogie pour changer leur Perception de la République. En effet, la marginalisation des populations impuissantes face aux politiciens à la quête de leurs intérêts égoïstes les a poussés à développer une Mentalité d'immigrés dans leur propre pays pour leur survie. Témoins d'enrichissement rapide et souvent illicite des gouvernants, beaucoup se comportent en hors la loi pour résister à l'autorité de l'Etat qu'ils perçoivent comme œuvrant pour les intérêts d'une certaine classe dirigeante. En effet, la République est la première à élaborer les lois mais aussi la première à les bafouer. En RDC, on assiste à une double rébellion, celle des citoyens contre les lois de la République et celle de la République contre ses propres lois. En fait, ce pays a besoin des hommes et des femmes de caractères, des patriotes avec une Mentalité d'hommes d'Etat qui soient capables de mettre leurs intérêts personnels de côté pour servir l'intérêt général. Des gens qui soient redevables à la République. Les Congolais doivent apprendre à intégrer leurs valeurs historiques Kongo et parvenir à mettre ensemble leurs énergies pour se réapproprier leurs terres et corriger les erreurs historiques de la colonisation afin d'engendrer un Congo à leur propre image. Il faut s'ils retournent aux fondamentaux laissés par les pères de l'indépendance sans lesquels ce pays restera à la merci des prédateurs qui sont prêts à tout pour leurs intérêts, quitte à le soumettre à une douce balkanisation.

Partie 2

D'un Etat de droit à l'Etat de Droit

L'Etat est cet inventeur et garant de la conscience collective. Avec ses lois, il dicte ce qu'il convient de faire et ce qu'il ne faudrait pas. Là où l'Etat n'a rien dit, c'est le néant. Et le néant, c'est la jungle ou un endroit libertin où chacun fait ce que bon lui semble.

L'Etat de droit est l'un des concepts les plus en vogue dans les rhétoriques politiques dans les pays africains prônant la démocratie comme modèle de gouvernance. Parfois avec raison mais souvent à tort, ce concept s'apparente à un credo religieux que l'on présente comme un « idéal » sans pourtant mettre en place les moyens de l'atteindre. En effet, citant Carré de Malbert, Eric Millard le définit comme étant « un Etat qui, dans ses rapports avec ses sujets, et pour la garantie de leur statut individuel, se soumet lui-même à un régime de droit ». Il renchérit en explicitant que dans ce régime, l'Etat est établi « simplement et uniquement dans l'intérêt et pour la sauvegarde des citoyens ». En République démocratique du Congo, les oppositions contre différents Pouvoirs autoritaires qui se sont succédé depuis 1965 ont fait de ce concept leur cheval de bataille pour asseoir leurs discours de Changement et conquérir le Pouvoir. Elles réussirent à « persuader » et à emballer des générations des jeunes désireuses de voir l'amélioration effective de leurs conditions de vie, des jeunes qui ne jurent que par ce désir ardent de Changement. Malheureusement avec le temps, beaucoup finissent par se demander si tout n'était pas que slogan, discours creux et leurre. Car, malgré la construction des quelques infrastructures à utilité commune, rien n'a vraiment changé. Le système judiciaire qui est la colonne vertébrale de l'Etat de droit n'a pas été à la hauteur. Il n'a pas réussi à faire une vraie percée pour faciliter l'établissement d'une justice équitable pour tous. En fait, c'est ce manque de démarcation qui l'aurait pourtant placée au centre du dispositif sociétal en catalyseur d'un État qui se veut être de droit, un Etat où le contrôle judiciaire des pouvoirs publics est la seule garantie de la légalité et de l'égalité de tous. En d'autres mots, construire un Etat où le pouvoir judiciaire est le juge potentiel de tout et de tous. En effet, il y a une relation entre l'absence ou pas de l'Etat dans un coin ou domaine donné et le genre de Mentalité que développent les habitants. Lorsque le pouvoir de l'Etat se fait sentir, la population a une Perception et un comportement différent que lorsqu'il est absent. En fait, la Mentalité collective d'un peuple est le reflet de l'organisation de la société dans laquelle il vit. Le comportement de l'Etat a un impact dans la formation ou la déformation de la Mentalité d'une nation. Quant à la justice qui est le pilier de l'Etat de droit, elle doit être libre, indépendante et bâtie sur les principes de droit et d'équité qui reflètent la volonté et les aspirations du peuple sans lesquelles rébellions et résistances s'inviteraient à table et ce, avec toutes les conséquences qu'on peut imaginer.

L'Etat

En effet, il est évident que l'existence de l'Etat comme concept, est ce préalable qui permet la construction de l'Etat de droit. Or un État de façon classique est cette entité composée d'un territoire, d'une population et d'un gouvernement ou des institutions qui le représentent. Ces derniers étant constitués d'un échantillon des citoyens au service de toute la population, il est important pour eux d'avoir l'onction, l'approbation et ou la légitimité pour bien exercer le Pouvoir. L'Etat, c'est aussi cette personne morale détenteur de pouvoir légal ayant pour mission la défense de la population et du territoire, des-en-communs et de l'intérêt général. En fait, c'est cet État organisateur de la société que l'on fera allusion dans cet ouvrage. L'Etat, c'est avant tout cette autorité inégalée ayant dans ses prérogatives l'exclusivité légale de l'usage de la force et de la violence par l'entremise de ses représentants ou agences. Cependant, étant donné qu'il est par essence une personne morale représentée par des personnes physiques, il y a souvent confusion dans la Perception entre les personnes sur qui la loi devra être exercée et celles qui sont censées l'exercer. Ces dernières ont souvent tendance à outrepasser les bornes dans leur incarnation de l'Etat ou de Pouvoir et à pousser les citoyens à vivre terrés dans la peur ou à la révolte ou encore à la rébellion. Car lorsque les mécanismes de cohésion sociale notamment la constitution, les élections, les nominations et les choix des hauts responsables de l'Etat n'arrivent pas à équilibrer le rapport de force entre gouvernés et gouvernants, il y a généralement risque d'un basculement dans d'autres procédés illégaux. Il est donc important dans un État, lorsqu'on évoque la notion de l'exercice de Pouvoir, d'insister sur celle de l'équilibre sans laquelle il n'y aura pas de cohésion sociale et, par conséquent, l'Etat de droit aura du mal à bien fonctionner.

L'appréhension de l'Etat par le citoyen Congolais

En effet, l'Etat se définit aussi par la manière dont il exerce son pouvoir. L'image intégrée dans les cerveaux des citoyens est proportionnelle à la gouvernance. Selon qu'elle est efficiente et durable ou pas, chacun s'en fait une idée et arrive à définir l'Etat par rapport à son expérience. Lorsque par exemple il y a mauvaise gouvernance et que des problèmes sociaux demeurent non résolus pendant longtemps, ceux-ci exercent une certaine influence dans la Perception visuelle des citoyens sur l'État et, dorénavant, dans leurs comportements qui finissent par s'établir en Mentalité collective. En RDC, l'Etat a donné l'impression de ne pas prêter attention aux problèmes sociaux même les plus basiques pendant plusieurs décennies. Ses représentants dans quelques fiefs que ce soient ne se comportent qu'en simples « vassaux ayant promis fidélité » à une autorité qu'ils perçoivent comme un suzerain et les citoyens semblent être abandonnés à leur propre sort (Darbon, 1990). Par exemple, en matière de santé publique, il n'y a pas eu de façon palpable d'intérêts manifeste de l'Etat à investir et à développer un domaine aussi essentiel. Combien d'hôpitaux et centres de santé ont -ils été construits pendant les trente dernières années et ou combien parmi ceux qui existaient déjà sont équipés et enfin comment les personnels de santé sont-ils traités et rémunérés. Pareil dans le domaine crucial de l'enseignement où universités, instituts supérieurs, écoles secondaires et primaires modernes et équipés ont été aux abonnés absents dans les trente dernières années. En fait, partant de ces deux éléments factuels, on peut dire sans crainte que les Congolais ont une très mauvaise image de leur État au point qu'un bon nombre d'entre eux voient en lui un ennemi à qui on ne doit ni respect ni considération mais mépris et haine. En effet, une observation simple de la manière dont se comportent des usagers de la route le prouve. La priorité n'est pas respectée et on voit certains agents de la police routières arracher les plaques d'immatriculations de véhicules des gens ou encore des motards sans casques roulant dans le sens interdit. Quoique se battant pour nouer les deux bouts du mois, tout est mépris et rébellion. Des terrains vendus et des maisons construites sur les passages des câbles électriques qui alimentent les quartiers, sur des canalisations d'eau pour éviter des inondations et voire sur les tombes dans des cimetières. Tout est mépris et rébellion. La manière dont l'argent du trésor public est dilapidé par les personnes pourtant censées s'en servir avec responsabilité pour le bien de tous. Tout n'est que mépris et rébellion. Les exemples sont légion et la liste n'est donc pas exhaustive. En effet, ces genres de comportements délinquants réduisent l'efficacité de l'Etat à exercer ses prérogatives et, bien plus, peuvent aller jusqu'à remettre en question l'existence même de l'Etat.

L'omniprésence et l'absence de l'Etat

Pourtant, tout citoyen devrait naturellement intégrer dans son esprit la notion de la présence en tout temps et en tout lieu de l'Etat. Car, un peu comme Dieu, l'Etat est censé tout voir et tout connaître. L'idée même de l'omniprésence de l'Etat est un élément qui rassure les paisibles citoyens d'un côté et dissuade les fauteurs de troubles d'un autre côté. Le philosophe Thomas Hobbs croit qu'un État doit développer tous les mécanismes possibles pour marquer, posséder et contrôler la totalité de son territoire. En des termes on ne peut plus explicites, il veut que tout Etat qui n'est pas capable de contrôler au maximum son territoire ne soit pas digne d'être reconnu comme tel. En effet, par sa présence, les citoyens reconnaissent un cadre dans lequel chacun doit évoluer, les bornes à ne pas franchir pour maintenir la paix, l'équilibre et la cohésion sociale. En fait l'Etat, c'est la limite de chacun. Pour le philosophe Jeremy Bentham dans sa théorie utilitariste, l'Etat doit se placer au centre de tout pour être visible à tous comme un panoptique, cette tour conçue pour la surveillance et la dissuasion en permanence des prisonniers. Michel Foucault le renchérit en voyant de ce modèle « de la discipline et le contrôle social ». En effet, lorsque les citoyens ne se rendent pas compte de la présence de l'Etat dans un coin physique donné ou dans un domaine particulier de leur vie, ils sont tentés de se comporter comme dans une jungle. Pour Darbon (1990), l'Etat est l'inventeur et le garant de la conscience collective. Avec ses lois, il dicte ce qu'il convient de faire et ce qu'il ne faut pas. Et là où l'Etat n'a rien dit, c'est le néant. Le néant, c'est une jungle ou un endroit libertin où chacun fait ce que bon lui semble et donc un environnement où tout est permis.

En accord avec le philosophe Thomas Hobbs, un Etat qui n'est pas capable de manifester son côté Léviathan pour imposer ses lois permettra, par son leadership de « laisser-faire », la croissance des arbres sauvages dans le jardin qui finit par devenir avec le temps toute une forêt. Un tel environnement va ressembler à un repère des reptiles et des grands félins qui, du reste, vont s'y établir et le contrôler. Ce qui rendra difficile la tâche à ceux qui voudront les déloger. En effet, la RDC est semblable à ce merveilleux jardin abandonné et qui est devenu depuis un repère des démons de tout genre à cause de l'absence de l'autorité de l'État. En fait, le Jardin Congo a besoin de l'autorité de l'État qui abatte et déracine tous ces arbres sauvages, ces inciviques qui participent et favorisent les désordres et les pillages de ressources du pays, afin de permettre la culture des nouveaux arbres éternels dont les fruits profiteront aux générations futures.

Cependant, en dehors de son côté Léviathan qui fait respecter et imposer la loi par la force de dissuasion, l'Etat a aussi des devoirs envers les citoyens qu'il est censé respecter et honorer. L'Etat

Congolais a souvent failli à s'y soumettre. En effet, lorsque l'Etat ne se présente que dans sa facette de faire respecter la loi et non dans celle de ses devoirs vis-à-vis de citoyens, ces derniers le perçoivent comme une charge à se débarrasser. A l'instar de ce qui s'est passé en Afrique de Sud où l'Etat avait commis la maladresse de ne pas intégrer « dans son effort militaire et économique les populations non-blanches de Townships » et qui préparait sans le savoir « les bases de la contestation », un tel Etat est en grande partie responsable l'esprit de révolte, de désobéissance civile et voire de rébellion (Derbon, 1990).

Tout ce que l'homme ne supporte pas, c'est d'être rendu esclave de qui que ce soit. En observant le fonctionnement de l'Etat Congolais depuis la fin des années quatre-vingt, on y voit un État qui perçoit taxes et impôts mais qui ne donne pas grand-chose au retour à sa population. Il est en fait trop présent dans la perception des taxes et impôts mais en même temps très absent dans sa redistribution. Il y a là une Mentalité de prédation où l'Etat, par les institutions et ses services, consomme la grande majorité de revenus en laissant la société spectatrice dans sa galère. Là, on fait allusion, d'un côté, à l'argent alloué pour les émoluments de députés, ministres et de toute cette cohorte de leurs collaborateurs qui sont rémunérés par les caisses de l'Etat. De l'autre côté, des soldes de militaires, policiers et autres mais surtout son investissement dans les infrastructures à intérêt général. Tenez ! combien de routes ont- elles été construites depuis mille neuf cent quatre-vingt-dix à nos jours et combien d'écoles, instituts supérieurs, universités ou autres centres de formations professionnelles ont vu le jour ou encore combien d'hôpitaux et centres de santés d'envergures ont-ils été construits pendant cette période ? Faudra-t-il évoquer le domaine de la sécurité avec toutes ces guerres, les occupations de territoires par des forces rebelles ? En réalité, l'Etat Congolais semble depuis longtemps avoir cessé d'être un Etat protecteur et pourvoyeur pour ses populations. Par conséquent, ces dernières ont elles aussi cessé de croire en lui. En effet, lorsque les citoyens ne font plus confiance en leur État, c'est le règne du désordre qui s'installe.

A voir de plus près, la République démocratique du Congo donne l'impression d'être une entité d'une mafia organisée en système étatique et un Etat Prédateur. Car comment expliquer tous ces enrichissements illicites des uns et des autres quelque temps seulement après avoir pris des fonctions managériales ou d'autorités dans une sphère publique ? Pourtant, en tant qu'organisateur équilibré de la société, sa présence doit se manifester par sa capacité à répondre aux besoins essentiels de la population. Il a l'obligation de chercher des solutions aux questions d'intérêts sociaux : la construction des routes, des marchés, des stades, des aéroports, des ports, la desserte d'électricité et d'eau potable et tant d'autres. Tous ceux-ci sont autant importants que des prisons avec leurs murs infranchissables, des bureaux de la police avec leurs camions anti-émeutes, des camps militaires avec toute la logistique qui doivent s'y trouver. Ce sont là des éléments qui rendent visible l'État invisible. En d'autres termes, il ne suffit pas à l'Etat d'être dissuasif pour bâtir une Mentalité collective solide dans les citoyens. Il doit rassurer par sa capacité de protéger ses populations, par sa dimension sociale de donner en retour et de servir. En fait, s'il est nécessaire que l'Etat soit dissuasif en permanence, il est bien essentiel, pour des raisons d'équilibre sociétal et de la construction d'une Mentalité collective forte, qu'il soit surtout respecté pour son utilité sociale et par sa manière d'agir ou de réagir face aux questions sociales. Malheureusement, l'Etat Congolais sous différents régimes a perdu ce réflexe. Et pourtant, c'est une dimension cruciale qui contribue à la construction de la Perception positive des citoyens vis-à-vis de l'Etat sans laquelle il se rend invisible à leurs yeux. Ce qui fait que pour beaucoup des Congolais, l'Etat n'existe simplement pas. Le comble dans tout ça, c'est cette génération des Congolais nés dans le chaos et l'imbroglio des années quatre-vingt-dix qui n'ont connu qu'une RDC du chaos et de la désolation. Ils s'y sont habitués et vivent comme vivant dans un environnement normal. Pourtant, c'est de cette même génération que devra sortir, pour les trois prochaines décennies, des dirigeants qui sont appelés à relever les défis complexes d'un monde en décadence dont la RDC devra jouer un rôle pivot pour son salut. Il faut enclencher de toute urgence un travail de mise à jour de la jeunesse Congolaise si ce pays veut jouer ce rôle majeur et surtout le maintenir dans sa configuration actuelle. C'est-à-dire un Congo dans ses dimensions héritées de la colonisation.

Cependant, l'autre façon de marquer l'omniprésence de l'État, c'est de régir tous les domaines de la vie sociétale par des lois. Il faudrait légiférer et aussi faire la publicité de ces lois afin que personne ne dise de n'avoir pas été au courant. C'est surtout par la loi qu'on reconnaît la présence de l'Etat. C'est par la force de la loi que sa volonté devient effectivement applicable à tous. Cependant, ce qu'a souvent posé un problème en RDC, c'est la vulgarisation et la qualité des lois. En effet d'un côté, malgré la présence des lois, beaucoup de Congolais en ignorent l'existence. De l'autre côté, certaines lois sont devenues archaïques et non adaptées à l'environnement social actuel. Or sans la loi, il n'y a légalement ni gauche ni droite, ni mal ni bien et ni mauvais ni bon citoyen dans une société. Cependant, toute loi conçue doit être lue et communiquée à priori aux concernés avant son entrée en vigueur. Malheureusement faute d'une politique de vulgarisation dans ce pays continent, très peu sont ceux qui connaissent la loi. D'ailleurs, ceux qui se heurtent contre elle le font généralement par ignorance. Tenez ! Que dit la loi sur l'utilisation de routes publiques ? où sont les panneaux de signalisations limitant la vitesse ?

L'autre question capitale concernant la vulgarisation des lois, c'est la langue utilisée. Le Français étant la langue officielle de la RDC, un pays de plusieurs dialectes et de quatre langues nationales, il faudra peut-être réfléchir et adopter que chaque loi puisse être transcrite au moins dans ces quatre langues nationales ou en cas de force majeure, faire d'une d'elles la langue officielle du pays. En effet, hormis le fait qu'il y ait des lois devenues obsolètes et par conséquent illisibles car elles ont été conçues depuis l'époque coloniale, il y en existe d'autres qui furent taillées sur mesure pour Mobutu et son Mouvement Populaire de la Révolution parti Etat. Ce sont des lois qui sont dorénavant inadaptées aux Congolais décidés d'embrasser la démocratie depuis mille neuf cent quatre-vingt-dix. En fait, comment peut-on donc parler de Changement dans une RDC représentée par la République du Zaïre avec toutes ces manières de faire et d'être tant décriées et vomies par les populations datant ? En effet, il y a nécessité de faire des réformes foncières et structurelles dans plusieurs domaines de la vie de la république si l'on veut réellement se débarrasser de certaines anciennes « Mentalités zaïroises ». Car l'homme Congolais a continué à voir l'État-Zaïre là où devrait en principe se trouver l'Etat-Congo. Ainsi, dans cet amalgame, on peut clairement voir que malgré le Changement de nom du pays, de l'hymne national et des leaders, la République démocratique du Congo donne l'impression de n'être qu'un « dépotoir » zaïrois.

L'autre grande question se pose au niveau de l'application des lois. Il y a un abîme très important entre ce qui est conçu et divulgué et ce qui est fait dans la pratique ou le respect des textes. Souvent liée à une Mentalité héritée du temps de la dictature de Mobutu, la majorité de Congolais n'ont pas cette culture de fonctionner sur base des textes ou selon « ce qui est écrit ». Pour dire d'une autre manière, la culture de la loi comme soubassement n'est pas très développée dans ce pays. En observant tantôt la légèreté tantôt la brutalité des agents de l'ordre dans l'exercice de leurs prérogatives, l'on se demande si les lois ne sont pas faites pour être gardées dans les tiroirs ou pour s'en servir afin de manifester l'Etat. En effet, la loi devient effective lorsque ceux qui sont censés l'exécuter le font dans les limites de leurs prérogatives, sans enfreindre d'autres lois. On parle ici des arrestations qui doivent se faire dans les limites de la loi et des amendes perçues qui doivent être proportionnelles aux infractions commises et doivent aller dans sa destination finale qui sont les caisses de l'Etat et non les poches des percepteurs. En fait, les agents de l'ordre ne doivent pas donner l'impression qu'ils sont des premiers « hors la loi » ou délinquants par leurs manières d'exécuter leurs mandats. Ils ne doivent pas se comporter de façon à fâcher cette même loi. Il faut que la loi soit au-dessus de tous pour que l'Etat de droit soit pour tous. L'Etat doit être dissuasif par sa légitimité à l'utilisation de la violence qui est un levier que lui seul en possède l'exclusivité pour exercer son autorité sur tous sans exception. Il faut que tout citoyen en soit conscient afin de prévenir le désordre et promouvoir la tranquillité de tous. Comme précédemment évoqué, les lois sont créées pour établir les limites et servir de cadre de règlement des questions liées à la cohésion sociale.

La sécurité des personnes et de leurs biens

En effet, l'une des missions régaliennes de l'Etat, c'est la protection des personnes et de leurs biens. Le niveau de son investissement dans cette tâche de premier plan détermine le degré de sentiment de sécurité ou pas dans la Perception collective des citoyens. En fait, le niveau de confiance des citoyens envers l'Etat est corrélé au degré de sentiment de sécurité dont ils bénéficient de sa part. En RDC, des guerres interminables dans la partie Est et des foyers d'insécurité un peu partout ne sont pas de nature à créer ce climat de confiance dans les citoyens. La multiplication de gangs d'une extrême violence dans certaines grandes agglomérations n'ont fait que renforcer ce sentiment de l'incapacité de l'Etat à assumer son rôle de protecteur. En effet, personne ne peut, au regard de cette réalité devenue presque permanente, prendre au sérieux les services, l'armée et la police nationale qui n'ont pas été jusque-là capables de régler ce problème majeur que les citoyens sont forcés à l'intégrer comme normal. Ce sentiment est encore plus répandu dans la partie orientale où sévit depuis trente ans une insécurité chronique. Les forces d'agressions, les rébellions et une multitude des groupes armées et les forces de résistances populaires sont perçues comme une expression et un aveu d'impuissance de Pouvoir d'Etat.

Concernant la question relative à l'insécurité qui règne dans la partie Est de République démocratique du Congo, il faut aussi reconnaître que les services, l'armée et la police ne doivent pas être les seuls à être pointés du doigt. En fait, on est sans ignorer que l'Etat Congolais se bat contre des forces occultes. Les gouvernements de la République sous différents régimes n'ont cessé de pointer du doigt le Rwanda et l'Ouganda comme étant des vrais auteurs de cette déstabilisation, des faits qui sont confirmés par différents rapports des nations unies. C'est une guerre qui est imposée aux Congolais sous la barbe de la communauté internationale incapable de peser dans un conflit qui ensanglante les peuples frères d'une Afrique qui peine déjà à décoller économiquement. En effet, plusieurs rapports de nations unies et différentes organisations non gouvernementales sont restés lettre morte donnant ainsi la nette impression que ce sont des puissants lobbies et certains gouvernements occidentaux qui seraient derrière cette supercherie. En fait, la position opaque de la communauté internationale vis-à-vis de la RDC ne contribuerait-elle pas à une montée de sentiment anti-occidental dans la Perception collective des Congolais dont le gouvernement peine à trouver une réponse durable à cette guerre qui lui a depuis arraché des millions des vies humaines ?

Cependant, hormis cette hypocrisie de la communauté internationale, on ne peut s'empêcher de s'interroger du rôle des Congolais eux-mêmes dans ce conflit qui lui est imposé dans la partie orientale. En réalité, aucune armée au monde ne pourra vaincre un peuple uni et déterminé. En lieu et place de continuer à subir et à crier à la victime, les Congolais devraient se tourner vers eux-mêmes. Il leur faut une analyse froide pour déterminer les causes profondes de leurs échecs à mettre un terme aux rébellions à répétition et chercher des voies et moyens d'y remédier définitivement. En fait, il est vrai que l'insécurité dans ce pays à des origines historiques et étrangères, mais les Congolais ont leur part de responsabilité. En effet, voici les six erreurs majeures de la RDC et de son peuple :

1. Le regard simpliste et erroné sur l'histoire de la RDC. Les Congolais ont tendance à vite oublier les faits historiques majeurs de leur pays. Il y a comme une sorte d'amnésie collective. Pour beaucoup, l'histoire de la RDC ne débute qu'avec ce qu'ils ont vécu personnellement dans leur chair et tout le reste n'est qu'utopie.
2. La confiscation de la souveraineté populaire par un processus de démocratisation piégé en amont avec l'organisation des élections souvent bâclées et chaotiques qui remet à chaque fois sur table la question sensible de la « légitimité des institutions ».
3. Le bradage d'une partie de la souveraineté nationale par les élites politiques du pays par le biais des accords « de paix » souvent mal négociés et qui maintiennent le pays dans un cycle de violence sans précédent.
4. Le démantèlement des forces armées et de services des sécurités par l'application des accords dits « de paix » et dont les mécanismes de brassage, mixage et autres ont permis l'insertion des éléments non qualifiés des forces rebelles ou infiltration dans l'armée et services par des agresseurs.
5. La course sans merci au Pouvoir par un personnel politique égoïste, cupide et avide et capable de tout. Quitte à trahir leur pays.
6. La Politisation et l'abandon à son propre sort de la jeunesse qui constitue pourtant une réserve d'énergie inégalée de la République et qui est contrainte à la délinquance et ou l'émigration.

En fait, comment donc l'Etat Congolais n'arrive-t- il pas à mettre un terme à cette insécurité et d'où viennent que ces forces négatives résistent depuis plus de vingt-cinq ans à la puissance d'une armée gouvernementale très largement supérieure en nombre et en ressources financières ? Et, si la question ne se posait ni au niveau de nombres ni d'autres ressources. Dans ce cas, il faudrait se tourner du côté de l'organisation de la structure pour chercher où se cacherait le diable. En effet, les riches enseignements de la stratégie et de tactiques militaires de Sun Tzu démontrent que dans une guerre ce qui compte le plus, ce ne sont nécessairement pas la quantité ou la qualité d'armes et ou les ressources financières et matérielles que l'on possède qui font la différence mais, tout d'abord, l'organisation de l'état-major et des troupes qui sont rangées pour la bataille (Cummins, 2019). En RDC, certains hauts officiers de l'armée et de la police roulent carrosse et sont comptés parmi les millionnaires du pays avec biens et immeubles. Pourtant avec le maigre solde des militaires qui ne sait pas nouer les deux bouts du mois tout laisse penser au fruit du business illicite. En effet, quel message envoient-ils à leurs subalternes qui sont eux envoyés dans la zone rouge de combat et qui y laissent leur peau. Car, si un soldat doit sacrifier sa vie, ce serait pour l'Etat Congolais que ce sang doit couler et non pour d'autres raisons. Sous d'autres cieux, les soldats qui vont en guerre ont un traitement spécial en termes de rémunération et une prise en charge spéciale en cas d'accident et des honneurs dignes en cas de décès. Choses qu'on ne voit que rarement dans l'armée Congolaise en guerre. Et même, lorsqu'il y a eu honneur après le décès, il n'y a généralement pas de suivi en termes d'accompagnement social des familles de ces héros qui se retrouvent abandonnées et démunies. En RDC, on assiste à des scènes où des veuves et des orphelins de militaires morts au front sont chassés de camps de façon inhumaine et sans alternative. Si donc les militaires vivants peuvent être abandonnés à leur propre sort en plein champ de batailles sans eau sans nourriture, comment peut-on s'occuper de leurs cadavres et, plus loin, de leurs familles après leur mort ? En vérité, lorsqu'on regarde le traitement d'un soldat Congolais, on ne peut souhaiter, même avec une dose élevée de patriotisme, à son proche d'intégrer les rangs de ces forces armées. En réalité, c'est comme si tout est mis en place pour repousser les jeunes gens d'intégrer une armée pourtant en guerre et qui a grand besoin de les voir s'enrôler massivement. La bergerie, ce sont d'abord les brebis. Le berger vient en second lieu. On ne peut parler d'un berger sans brebis mais le contraire est valable. Il y a supérieurs par rapport aux subalternes et le haut commandement n'a de sens que lorsqu'il y a des hommes de troupes disponibles. Il faut repenser le leadership si l'armée veut aller de l'avant. Car, cette insécurité à l'Est est en réalité une aubaine pour certains hauts responsables militaires qui trouvent en elle un terrain d'enrichissement illicite. En effet, la partie orientale de la RDC constitue une zone de transition où tous viennent amasser. D'où, maintenir l'insécurité dans cette partie du territoire devient un devoir pour toutes les parties belligérantes engagées dans « cette guerre » en vue de pérenniser le pillage de ressources. Voilà pourquoi, des réformes structurelles dans les domaines de la défense, de la sécurité civiles et militaires, de la police doivent être une urgence pour ce pays s'il souhaite vraiment rétablir la paix dans cette partie de la République.

L'insécurité urbaine : ces Jeunes appelés « Kuluna »

En fait, les gangs sont un phénomène qu'on retrouve dans chaque société. Ils sont non seulement liés à la pauvreté mais généralement à l'âge, et donc, à la recherche d'une identité. Cependant, beaucoup ignorent que les gangs sont une manière de s'affirmer dans une société ou leur place n'est pas garantie. Ces jeunes utilisent souvent la violence pour atteindre leur but profond qui est la quête et ou l'affirmation identitaire. Ils se forment par suite de l'exclusion par la société dans laquelle ils vivent ou par leur propre auto-exclusion par suite des multiples raisons liées entre et autres à l'injustice sociale et à la recherche d'identité en tant que jeunes. Au fait, dans les pays développés, l'État prend des dispositions nécessaires pour essayer de contenir ce phénomène en limitant et en réduisant le niveau de la violence utilisée. Cependant, cette réalité en RDC a justement atteint un niveau d'extrême violence à terroriser toute la population. Ces jeunes appelés communément « Kuluna », inspirés surement des mouvements de jeunes qui allaient chercher leur vie du côté de l'Angola du temps de la guerre entre l'armée gouvernementale et la rébellion l'Unita de Jonas Savimbi et qui se déplaçaient en groupe et en colonne ou « coluna » en portugais, sèment la terreur dans la population en défiant les services de la police de fois en plein midi. Depuis plus de dix ans, toutes les stratégies mises en place par le gouvernement pour contrôler ce phénomène n'ont pas semblé produire de fruits escomptés. Bien au contraire, ces jeunes en difficultés ont fini par imposer la cadence de vie aux habitants dans la capitale. Il y a à Kinshasa des endroits à ne pas aller et des heures de sortie et d'entrée dans certains quartiers. Ils ont même établi des mécanismes parallèles de la « sécurisation » de personnes et de leurs biens selon qu'on est en bon terme avec eux ou pas. Voilà comment une mission régalienne de l'Etat est conçue et exécutée par des « hors la loi ». Ce phénomène est pratiquement devenu une rébellion dans la ville. C'est une bataille que l'État semble avoir jusque-là perdue et qui a comme conséquence directe des quartiers entiers conquis par la violence. Sous d'autres cieux, un tel phénomène est géré par la participation de plusieurs agences de façon coordonnée. D'un côté, on utilise la force de la loi contre les chefs de gangs et les adultes qui en font partie et de l'autre côté, on met en place des mesures d'accompagnement dans leurs familles et leurs lieux de provenance pour essayer d'arrêter l'hémorragie à la source. Les arrestations en masse de ces jeunes ne semblent pas résoudre ce problème. Bien au contraire, elles lui ont attiré des associations des droits de l'enfant derrière le dos. En effet, il faut une Justice restauratrice pour tenter de contenir ce fléau en commençant par jeter un regard sur les victimes qui sont restées jusque-là invisibles dans le système judiciaire. Marie Crémière (2014) met l'accent sur un principe essentiel de la Justice restauratrice qui consiste à « recréer du lien social ». Ce principe inclut la réponse pénale classique mais avec l'idée principale de réintégrer le délinquant qui s'est désintégré de la société tout en apaisant la victime.

Cependant, en réalité, l'insécurité créée par ces « Kuluna » n'est pas supérieure à celle créée par le chômage et la pauvreté. Ces deux indices constituent, de l'avis des certains chercheurs, une sorte de maternité où sont accouchés chaque jour des « bébés Kuluna » en RDC. En effet, les recherches prouvent que la plupart de ces jeunes gens proviennent des quartiers où le niveau de pauvreté est très élevé (Darbon, 1990). Et, même lorsqu'on observe ce que ces jeunes gens font avec les revenus de butins arrachés au paisibles citoyens : l'achat d'à manger, à boire, des drogues de tout genre et autres, on peut discerner sans beaucoup trop d'efforts intellectuels qu'ils sont en manque des basiques et des minimums. En réalité, ce qui les pousse à se lancer dans une vie de violence et de tels risques, en dehors de la recherche d'affirmation d'identité, c'est la pauvreté et le manque de perspectives. Voilà pourquoi, la meilleure façon de les contenir serait de lutter contre la pauvreté dans les familles les plus démunies et dans les quartiers pauvres. On doit aussi promouvoir l'idée d'un futur meilleur dans ces milieux pour donner une raison de rêver à tous ces enfants pleins d'énergies et de courage. Et, s'il faut aller un peu plus loin, on dirait que la manière dont l'Etat Congolais traite la plupart de dossiers liés à l'insécurité causée pourtant par la pauvreté, le chômage et autres calamités naturelles constitue un indice de sa gestion des questions sensibles liées à la sécurité même de tout le pays. En fait, lorsque les problèmes sociaux des citoyens liés à la pauvreté, au chômage et à la misère sont traités avec légèreté et que la population commence à subir la loi de gangs au quotidien, le Pouvoir d'Etat est relégué au second plan et perd, par ricochet, son estime et sa respectabilité dans les citoyens. Par conséquent, ils ouvrent tout un boulevard à la propagation des idées de la désobéissance civile et de la rébellion dans l'état d'esprit des uns et des autres. Ainsi, l'Etat Congolais pourra sensiblement réduire le nombre de ces Jeunes dans les rues s'il arrivait à mettre en place une Justice distributive à la place de la méthode forte qui a prouvé ses limites.

On peut aussi remarquer, malgré sa propension dans la capitale, qu'il y a des endroits bien identifiés où ces jeunes « Kuluna » opèrent. Ces jeunes en difficulté sont donc pour la plupart identifiables. Ce qui fait que malgré ce fléau, l'Etat a pu garder des périmètres entiers où ce phénomène n'a pas réussi à pénétrer. La commune de la Gombe où sont situées des institutions de la République et dans certains quartiers huppés de la ville. Au fait, comment donc, l'Etat n'arrive pas à étendre ce périmètre de sécurité ne serait-ce que dans les communes environnantes ? En réalité, ces jeunes et leurs quartiers sont eux aussi victimes d'une certaine « mafia » dans la capitale qui les utilisent pour des sales besognes. Ces jeunes gens en difficultés sont utilisés comme prétexte et éléments de maintien volontaire d'insécurité et de diversion pour permettre à la mafia urbaine gérée par les puissants de continuer à opérer en toute quiétude. En effet, comme dans son modus operandi, la mafia Congolaise est une pieuvre qui doit certainement avoir des tentacules un peu partout et dont la cible principale reste les institutions de la République. Elle a certainement des antennes partout pour ne pas être surprise. C'est généralement un réseau parallèle aux services officiels qui est géré de connivence avec certains hauts responsables d'Etat comme c'est le cas partout.

La Justice

Le pouvoir judiciaire est le socle de tout Etat de droit digne de ce nom. La justice est le gardien de l'Etat de droit si et seulement si elle veille sur les lois de la République. Cependant, elle peut aussi être un concept sans substance lorsqu'il n'y a pas d'animateurs valables. En effet, dans la construction d'un Etat de droit, les choix des animateurs dans le système judiciaire jouent un rôle primordial pour des raisons de son efficacité, surtout de sa neutralité et de son indépendance. Les candidats doivent avoir un certain niveau intellectuel éprouvé et une dose d'intégrité et de probité morale. En fait, tous ces éléments font office de garde-fou pour permettre que la loi soit dite et que l'accès au système judiciaire soit garanti à tous avec assurance que justice sera rendue avec équité à quiconque y entre. En RDC, le système judiciaire est très mal perçu pour ce pays aspirant Etat de droit. C'est un système décrié car gangrené par la corruption et où les jugements ne sont pas souvent rendus en faveur de la loi. En effet, ce comportement souvent critiqué des instances judiciaires ne favorise pas une bonne perception des Congolais de leur système judiciaire et pousse beaucoup à voir en lui une justice déséquilibrée, sélective et discriminatoire selon qu'on appartienne à telle ou telle autre classe sociale.

La Pauvreté et la Perception du Système Judiciaire

Comme d'ailleurs beaucoup de pays d'Afrique subsaharienne, la RDC est un pays où la majorité de la population vit avec une moyenne d'un dollar par jour et où il y a un niveau de chômage très élevé. Ceux qui travaillent n'ont malheureusement pas de salaire convenable pouvant les aider à nouer les deux bouts du mois. Malgré toutes les richesses de son sol et de son sous-sol, ses populations croupissent dans une pauvreté qui ne dit pas son nom. Ces dernières années, plusieurs organismes internationaux ont signalé des cas de malnutritions aiguës et voire de famines. C'est une situation inimaginable quand on connaît les ressources naturelles inégalées que regorge ce paradis au centre même de ce continent d'Afrique. En effet, le fait que ce ne sont pas des richesses qui manquent à ce pays, le seul justificatif plausible serait alors la redistribution déséquilibrée des revenus. La part du lion de son budget est allouée au fonctionnement des institutions. Certains hauts fonctionnaires politiques de l'Etat se retrouvent avec des rémunérations colossales pour un pays en difficulté qui laisseraient penser à une forme de corruption par achat de conscience dans des Etats sérieux, pendant que la majorité des populations ne se retrou-

vent qu'avec des miettes restantes et sont soumises à une pauvreté forcée. Au fait, Ou on est dans l'opulence ou bien on est très pauvre en RDC. Il n'y a pas de classe intermédiaire. Ou bien on appartient à la classe dirigeante et on bénéficie de la manne du pays ou bien on n'y fait pas partie et on n'a rien. Il n'y a rien dans cet intervalle. En fait, c'est une forme d'injustice basée sur le rapport entre l'homme et la fonction d'État et qui exerce une influence néfaste dans le fonctionnement de la justice du pays qui agit désormais elle aussi en faveur ou en défaveur de citoyens selon qu'ils appartiennent au petit cercle des
« Bourgeois d'Etat » ou non. Ce qui signifie qu'il y a en RDC une majorité appauvrie à dessein et qui dorénavant doit subir la rigueur de la loi au détriment de la minorité au Pouvoir et de ses périphéries. Elle a le net sentiment de subir de l'injustice « d'Etat » et, par instinct de survie, puisqu'elle ne croit plus en la justice, elle cherchera à tout prix, même par le truchement des interdits, à subvenir à ses besoins quotidiens sans tenir compte de la justice puisque dans son mental elle (la justice) n'existe pas. En fait, il y a généralement une forme (mineure) du négationnisme dans le réflexe de ceux qui luttent pour leur survie. Toutes notions de loi, d'offense, de punition, de dissuasion, d'incapacité ou de rétribution n'ont plus aucun sens à leurs yeux. En état de légitime défense, la conscience s'éteint et c'est l'instinct qui prend le relais. Désormais, corrompu d'entendement, l'homme agit sous un état d'esprit qui ne tient plus compte de la Justice et est donc sous une attitude de « advienne que pourra ».

La Corruption

La culture de la corruption s'est tel répandue au point qu'elle est devenue presque invisible dans les radars de la justice du pays. Le pot-de-vin, les promesses fallacieuses, l'achat de consciences par de petits présents, des agents promus et placés à des postes à responsabilités générateurs d'argent moyennant une compensation et ou une rétrocession, tout est monnayable en RDC. Certains vont jusqu'à laisser la porte de la corruption ouverte pour les aider à arriver à nouer les deux bouts du mois étant donné que leurs salaires sont insignifiants. Tandis que d'autres se laissent corrompre pour répondre aux besoins de ceux de la grande famille qui dépendent d'eux. La corruption est tellement courante qu'elle fait partie du quotidien de beaucoup au Congo. En effet, les gens quittent leurs maisons avec quelques petits billets de banque qu'ils pensent s'en servir au cas échéant pour corrompre. Cette gangrène a rongé la société Congolaise au point de s'établir de façon institutionnalisée.

L'Etat Congolais par son comportement peu responsable n'a pas toujours été berné. Il a lui aussi souvent participé à sa propre corruption et les exemples sont légion. Des procès iniques intentés contre l'Etat pour lui soutirer l'argent des contribuables avec la complicité de certaines personnes dans le système judiciaire aux bénéfices d'individus. Des multiples études et expertises de faisabilité pour des projets qui seront classés sans suite. La multiplication de déplacements inutiles des hauts fonctionnaires de l'Etat dans le but de bénéficier des frais de missions et sans compter l'organisation des élections souvent bâclée et trop coûteuse et autres. Ce constat est beaucoup plus perceptible encore lorsqu'on voit comment certaines personnes réussissent à passer par les mailles du filet de la Justice Congolaise.

En effet, il est difficile de trouver par exemple les expatriés qui entrent dans le système judiciaire de ce pays être condamnés et purgés leurs peines. Certains argumentent que la plupart de ces étrangers ont souvent de bons avocats pour leurs défenses. Mais seulement, on doit se demander combien de ceux qui ont une fois été condamnés après des procès ont purgés ne serait-ce que le tiers de leur peine dans une des prisons où sont aussi incarcérés les citoyens Congolais ? Lorsque ces sujets expatriés sont libérés dans les conditions les plus obscures, quel message cette justice envoiet-elle chez ces pauvres citoyens Congolais qui subissent la rigueur de la loi dans ces mêmes prisons et, pourquoi cette attitude de deux poids deux mesures ? Et pendant ce temps, on se plaint lorsque certains sujets expatriés se donnent le luxe d'insulter, de maltraiter des citoyens Congolais et de se comporter d'une manière qu'aucun d'eux n'oserait faire dans leurs propres pays. La plupart de ces sujets qualifiés de « gros poissons » dans ce système judiciaire peu crédible sont convaincus qu'en République démocratique du Congo tout est monnayable et que la justice s'octroie en échange de billets verts. En effet, l'argent est perçu comme une sorte d'immunité dans le système judiciaire Congolais par des prévenus expatriés. Les citoyens Congolais en sont pleinement convaincus.

Le régime d'immunité ou de l'impunité

Les immunités sont en fait une sorte de couverture qui sépare l'individu de la fonction et qui le protège de certaines « offenses » commises pendant qu'il est en fonction. C'est un régime qui est conçu pour permettre aux hauts cadres et fonctionnaires de l'Etat à effectuer leur travail avec une certaine marge de manœuvre un peu plus large sans craindre certaines poursuites judiciaires. Cependant, en RDC, cette pratique pourtant noble est devenue un moyen pour des individus à mains sales de se camoufler et d'opérer en toute quiétude. Raison pour laquelle, tout le monde se bouscule pour avoir des fonctions qui leur garantissent les immunités. Les politiciens cherchent par tous les moyens, même illégaux, à entrer et ou se maintenir dans la sphère des institutions de la République qui leur garantisse ces immunités. A voir comment de sommes d'argent colossales sont dépensées pendant les campagnes pour s'assurer d'une place dans les hémicycles, les Congolais, mêmes les moins lucides, comprennent qu'en dehors des émoluments extravagants, malsains et immoraux, ces gens sont plus là à la recherche de garanties contre des poursuites judiciaires sachant, qu'étant déjà sales de mains et de pieds, ils ne peuvent vivre sans enfreindre les lois de la République. C'est un argument qui souvent se confirme en observant leur comportement et aussi les lots des affaires judiciaires qu'ils évitent durant leurs mandats. Cependant les populations médusées, témoins de bévues et crimes de certains dans la classe dirigeante et surtout de l'impuissance du système judiciaire d'exercer pleinement et librement son travail de rendre justice et de mettre hors d'état de nuire ces inciviques, développent dans leur mental collectif une vision d'une Justice érigée contre les petits, les faibles, les moindres et donc, ceux qui n'ont pas de mandat et fonction politique. En effet, le grand danger dans tout ceci, c'est le fait que la population puisse perdre confiance en leur appareil judiciaire qui pourtant est censé jouer le rôle majeur dans le renforcement de système démocratique, un système fondé sur la souveraineté et l'autodétermination des peuples qui ramène les uns et les autres sur un même pied d'égalité en tant que citoyennes et citoyens ayant des droits et devoirs égaux devant la loi. En effet, les stigmates que laissent ce manque d'équilibre dans le système judiciaire deviennent une semence pour la fabrication des renégats, ces citoyens qui non seulement ne croient plus en cette Justice mais la résistent en même temps.

La victimisation

Par la suite des comportements souvent injustes de l'appareil Judiciaire vis-à-vis de citoyens lambda, il y a dans beaucoup de Congolais un sentiment très rependu de victimisation. Puisqu'ils sont convaincus que la justice prend toujours la part des plus forts, ils vivent en « victimes d'Etat ». Ils ont une Perception très négative de la police, des magistrats, des juges, des directeurs des prisons et du ministère de la Justice. Car, à chaque fois qu'ils se sont retrouvés dedans, chacun a, à son niveau, expérimenté la puissance d'argent et de Pouvoir face à une justice qui a souvent montré ses faiblesses devant ces deux outils dangereux. En effet, sachant qu'ils seront victimes d'une injustice et donc perdants, beaucoup ne prennent plus la peine de porter leurs cas devant des cours et tribunaux. Car lorsqu'on entre dans le système judiciaire Congolais comme accusé, on est généralement confronté à ces deux réalités dépendamment de sa position par rapport au pouvoir d'argent ou à la fonction politique. Soit on subit un procès trop élastique, soit on assiste à un procès très expéditif. Dans le premier cas, l'accusé assiste à un procès où le juge tirera en longueur faute de preuves nécessaires prouvant sa culpabilité et profitera pour le garder dans une détention provisoire qui de fois peut durer des mois ou voire des années. Dans le deuxième cas, le prévenu souvent proche de pouvoir (l'argent ou fonction politique) assiste à un semblant de procès qui se déroule à une vitesse inhabituelle et qui se solde généralement soit par un acquittement, soit par de peines légères pour calmer les ardeurs de l'opinion. Malheureusement dans tous les deux cas, c'est encore le système judiciaire qui en sort perdant car son image est ternie dans l'opinion. Et, lorsque ces façons de procéder constituent le modus operandi de tout l'appareil judiciaire, les citoyens de facto ne feront plus confiance en la capacité des magistrats et des juges à bien instruire les dossiers et à rendre justice dans le vrai sens de mot et, rejetteront en bloc tout le système judiciaire qu'ils perçoivent dorénavant comme instrumentalisé par ceux qui ont le pouvoir. Lorsque tel est le cas, le Pouvoir d'Etat cesse d'être équilibriste et, par conséquent, on ne peut en principe plus parler de l'Etat de droit. En fait, le plus grand danger, c'est que les citoyens sont tentés de se rendre justice eux-mêmes en utilisant des méthodes peu orthodoxes tels qu'empoisonnement, règlement de comptes, assassinats et autres.

En effet, si c'est ne pas pousser le bouchon un peu trop loin, on dirait qu'on assiste souvent à la non-exécution des décisions de justice lorsque celles-ci vont à l'encontre des plus forts. Ces derniers vont jusqu'à utiliser de fois abusivement d'autres services de l'Etat tels la police et voire l'armée pour empêcher la justice à appliquer ses propres décisions. Ce qui donne l'impression d'avoir deux pouvoirs d'État dans un même État : un pouvoir normal qui peut dire le droit pour tous et un autre qui est celui des plus forts à même de faire intervenir illégalement l'armée et les services dans les affaires civiles. C'est ainsi que les Congolais lambda ont légitimement l'impression d'être victimes de leur propre Etat qui utiliserait l'appareil judiciaire à leur détriment. La justice qui est en principe un outil au service de tous se voit être mise à la disposition des plus offrants. C'est donc de cette impression que s'est développé un sentiment de victimisation généralisée dans l'attitude de la plupart des Congolais qui n'attendent presque plus rien de leur système judiciaire car l'issue des procès semble scellée d'avance. Par conséquent, face à l'Etat, même pris la main dans le sac, beaucoup ont cette tendance de se victimiser en plaçant leur faute sur son dos en évoquant le manque d'assistance qui les aurait poussés à un tel comportement. Autrement dit, le comportement de l'appareil judiciaire à l'égard des faibles pourrait être à la base du développement d'une attitude de victimisation généralisée. Or, la victimisation comme Mentalité constitue un frein pour l'établissement d'un Etat de droit. En fait, si la majorité des citoyens qui sont supposés respecter la loi décident d'une façon ou d'une autre à ne plus lui obéir et à se lancer dans une sorte de désobéissance civile généralisée, c'est la loi qui tombe et le gouvernement. Voilà, le plus grand danger à long terme de cette victimisation généralisée qu'il faudra éviter.

La Révolution et la Justice Populaire ou une Mentalité en gestation

En effet, le système judiciaire doit être ce catalyseur qui permet la cohésion sociale. Il est un élément d'équilibre sociétal susceptible de maintenir les uns les autres sous une même autorité mais aussi l'Etat sous ses propres lois. Cependant, lorsque ce rôle de balance n'est pas correctement rempli, le peuple se sentant dépourvu de ses droits développe des idées de rébellion, de séparatisme et de sécessionnisme en utilisant son instinct de survie. A quête de la justice, ces idées d'une justice extrajudiciaire prennent corps avec toutes les conséquences enseignées dans l'histoire des peuples. En effet, les révolutions populaires, les rébellions ou les sécessions sont souvent une conséquence de la faillite du Pouvoir d'État et de l'incapacité de sa justice à rétablir les plus faibles dans leurs droits légitimes. Les frustrations et ce sens de l'injustice subis désormais par ces populations victimes généralisées d'Etat et qui ne se reconnaissent plus dans son Pouvoir vont les pousser à chercher à se débarrasser de l'Etat en renversant les institutions de la République ou à se détacher par la sécession. Cependant, ces deux possibles issus s'accompagnent des conséquences insoupçonnées et insoupçonnables telles que la mort en nombre des citoyens, une période de déstabilisation à long terme de la nation ou voire sa disparition. En effet, toute révolution n'apporte pas toujours les résultats escomptés, surtout lorsqu'il y a de mains noires qui poussent à cela. L'expérience des printemps arabes en Afrique du Nord le démontre clairement. Ni la Tunisie de Ben Ali, ni l'Egypte de Moubarak encore moins la Libye de Kadhafi a réussi à atteindre ses objectifs profonds. Les « régimes » et les têtes sont certes tombés mais, au fond, tout est resté pareil. En effet, la solution réside d'un côté dans la retenue de peuple à ne pas vite s'engager dans la voie de la révolution sans peser les pour et les contres. De l'autre côté, c'est dans la capacité de Pouvoir d'Etat d'anticiper les événements par des réformes nécessaires dans ce domaine particulier de la justice. L'Etat doit être à mesure de répondre aux attentes des victimes lésées parmi les populations. En effet, toutes les deux parties (Pouvoir d'Etat et victimes d'Etat) devraient être très lucides dans leurs actions en lieu et place d'un entêtement qui ferait le lit d'une destruction de tissu social et d'un éventuel effondrement de la nation à court ou à moyen terme. L'exemple le plus patent est celui de la Libye de Mouammar Kadhafi.

La question carcérale : surpeuplement et les prisonniers libres

Les centres pénitentiaires sont des endroits identifiables prévus et préparés pour accueillir ceux qui proviennent du système judiciaire pour y purger leurs peines. Ce sont des institutions d'une sensibilité telle que l'Etat doit beaucoup investir pour s'assurer que tout détenu purgera sa peine conformément à la sentence et à la condamnation du jugement rendu, et que ses droits lui reconnus par la loi en tant que prisonnier demeurent respectés durant tout son séjour et qu'au moment de sa remise en liberté, selon les cas, que ce soit « quelqu'un de changé en bien » qui est libéré et non un délinquant en liberté. C'est une tâche très difficile pour l'Etat lorsqu'on observe combien de ceux qui sortent des prisons y retournent pour récidivisme après un certain temps de liberté. En Angleterre et en France, selon les statistiques, un prisonnier coûte respectivement 50 et 35 milles dollars américains au trésor public contre un coût moyen de vie de citoyen libre qui avoisine respectivement 30 milles et 20 milles dollars américains par an. Ces chiffres prouvent à suffisance combien la gestion des centres pénitentiaires est importante. Ainsi, envoyer quelqu'un en prison peut être perçu dans une certaine mesure comme un luxe par les systèmes judiciaires de ces deux pays susmentionnés. Ils veillent sur l'utilité de l'incarcération ou de l'emprisonnement et de la proportionnalité de peine en fonction des délits commis. Ce qui fait qu'on n'y entre pas sans un jugement et une condamnation en bonne et due forme contrairement en République démocratique du Congo où on peut être de fois coffrer sans procès, ni jugement et encore moins sans une condamnation formelle. Parmi ceux qui sont emprisonnés en RDC, on y trouve des gens qui y sont placés par prévention le temps d'instruire leurs dossiers et les juger. Souvent placés sous un Mandat d'Arrêt Provisoire, une procédure légale dans le système judiciaire, ces potentiels délinquants sont d'office transformés en prisonniers sans tenir compte de leur présomption d'innocence. Certains peuvent croupir en prison tout le temps que l'instruction de leurs dossiers prendra sans compter des multiples ajournements des procès que le tribunal pourra « délibérément » décider. En effet, l'utilisation abusive de Mandat d'Arrêt Provisoire (MAP) dans le but de maintenir certains citoyens injustement en prison discrédite la justice Congolaise dans sa gestion de système pénitentiaire et donne l'impression d'une justice aux ordres. Dans d'autres circonstances, ce MAP est juste utilisé pour humilier un adversaire en lui collant l'image d'un délinquant devant une certaine opinion pour des fins inavouées d'élimination politique. De fois, cela ne vient même pas de Pouvoir d'Etat mais de certains individus ayant une certaine notoriété et qui s'amusent à manipuler, à coût de billets de banques pour leur cause, certains juges malléables et inconscients de la noblesse que contient leur métier.

Hormis le Mandat d'Arrêt Provisoire qui peut être utilisé comme un mécanisme à la portée de juges pour clouer en prison qui bon leurs semble, il est un autre mécanisme qui peut curieusement être utilisé comme une clé passe partout susceptible d'ouvrir n'importe quelle cellule de n'importe quelle prison en RDC. Peu importe la nature du délit commis, du jugement prononcé et de la peine à purger, « la liberté provisoire » est cet autre outil souvent utilisée pour enclencher la libération sans soupçon de certains prisonniers. En effet, il s'observe que la plupart de gens qui sont mis sous mandat d'arrêt provisoire finissent généralement par quitter l'environnement pénitentiaire par cet autre mécanisme après quelque temps. Cette procédure bien connue dans les systèmes judiciaires peut être utilisée pour finalement libérer soit un prisonnier détenu injustement devenu gênant ou pour profiter de relâcher un allié politique et « prisonnier-libre » détenu généralement sous la pression populaire ou médiatique. En réalité, selon certaines indiscrétions, certains ne sont détenus que pour tromper une certaine opinion car ils sont discrètement dehors pour dormir dans leurs belles villas. Ils seraient perceptibles dans des cercles très restreints dans la nuit et ne rentrent dans leurs cellules que très tôt le matin avec la complicité de certains agents responsables pénitentiaires. Au finish, ils vont loger gracieusement dans des chambres d'hôpitaux en « faux malades d'Etat ». En fait, tout cela n'est que du déjà entendu et du déjà-vu, c'est un système trouvé habilement conçu pour bénéficier à tous ceux qui arrivent au pouvoir. Cependant, dans tous les cas, c'est encore la Justice qui perd sa crédibilité aux yeux des citoyens lambda, qui ne voient en elle qu'un instrument malléable au service de.

La Prison, sa philosophie et la Mentalité

En principe, l'environnement carcéral est un lieu de privation de certaines libertés, d'incapacité mais aussi de rééducation, par sa philosophie. En République démocratique du Congo, les prisons ne sont rien d'autres que des mouroirs pour les citoyens lambda qu'on place par plusieurs dizaines dans des cellules conçues pour garder au maximum trois personnes. La plupart des prisons sont surpeuplées, un surpeuplement dû au nombre très réduit par rapport à la population, à la lenteur et aux failles du côté de système judiciaire dans les traitements de dossiers et surtout par sa politique carcérale devenue archaïque et obsolète. En fait, c'est une Mentalité rétrograde que de penser que le seul endroit de rééducation d'un incivique est la prison. Sous d'autres cieux, les prisons coûtent tellement beaucoup d'argent au trésor public pour son fonctionnement que tout délit n'est pas passible d'emprisonnement. En effet, l'emprisonnement doit être une peine pour des offenses sérieuses y compris le récidivisme, contrairement en RDC où les voleurs des petits pains peuvent passer des années en prison. Car lorsqu'on y a une fois été incarcéré, on n'y sort plus en réalité. En effet, il a été démontré dans les pays mentionnés ci haut que plus de la moitié des prisonniers récidivent en moins de deux après leur libération. Sans toutefois chercher à minimiser l'importance de centres pénitentiaires, il convient de rappeler que ces institutions peuvent aussi être des lieux d'endoctrinement et de radicalisation pour ceux qui y entrent. Surtout lorsqu'on y a placé des gens, criminels soient-ils, sans pourvoir à leurs besoins les plus élémentaires. Ainsi, on y entre pourri de mains et on y ressort pourri de la tête aux pieds. Ce qui est un sérieux problème dans le système judiciaire de ce pays.

Vu d'un autre angle, le surpeuplement des prisons est aussi une démonstration de la quantité des potentiels délinquants restés dehors. Car seuls parmi ceux qui entrent dans le système judiciaire qui finissent dans les prisons. Cela est sans compter le fait que beaucoup de délits ne sont pas appréhendés et, par conséquent, ils n'existent officiellement pas. Et pourtant, en fermant les yeux à certains délits, les agents pénaux reprogramment dans les citoyens leur approche de crime et donc leur définition de l'interdit. Ce qui fait que les Congolais ont une définition erronée de l'interdit, de crime et de l'offense. C'est pourquoi ils fonctionnent sans limite. Citant Cusson (1990b), Glowacz e t Born (2017) expliquent que lorsque « les affaires criminelles deviennent très nombreuses, elles déclenchent dans le système pénal un mouvement d'évacuation de trop plein ». Ils rajoutent que même « les agents pénaux sont alors entrainés à banaliser la délinquance mineure en surnombre ». Ce qui par ricochet expliquerait en partie le nombre croissant des délinquants dans les rues de la capitale Kinshasa.

La Justice et l'Influence Politique

Il est un fait que le système judiciaire a une grande part de responsabilité dans les dégâts qu'il y a dans l'organisation et le fonctionnement de l'Etat de droit. En fait, hormis la corruption qui désorganise tout le système judiciaire, on y remarque surtout une mainmise pesante de la politique sur la justice. En effet, pour des raisons politiques, certains magistrats et juges sont placés à des hautes fonctions de fois sans tenir compte de compétences. D'autres en revanche sont parfois de façon brutale et humiliante démis de leur fonction. Ce sont des agissements qui créent de la frustration dans le corps judiciaire entier qui devient docile et obligeant aux politiques. Vu de cet angle particulier, on dirait que le Pouvoir Judiciaire Congolais est victime de Pouvoir Politique qui a réussi à le maintenir sous sa coupe en violation du principe sacro-saint de séparation des pouvoirs. En effet, la Justice mise sous tutelle a souvent fonctionné comme un bras de Pouvoir Politique en République démocratique du Congo. Or, sans une justice indépendante, on ne peut espérer bâtir un Etat de droit.

En résumé, on ne peut parler d'un État de droit sans l'existence préalable d'un État. Cependant, ce concept doit être bien défini dans les esprits des citoyens de peur d'avoir de l'impact négatif dans la Mentalité « Etat de droit ». Dans l'esprit des citoyens, l'Etat est perçu comme un instrument qui doit contribuer à la résolution des problèmes sociaux. En fait, c'est une Perception qui pousse les citoyens à le considérer comme démissionnaire lorsqu'ils le trouvent incapable de proposer des solutions à leurs problèmes sociaux. Il est clair que l'Etat Congolais est peu visible dans plusieurs domaines liés au social de ses citoyens. Il n'arrive pas à assumer correctement son rôle de sentinelle qui veille sur les uns et les autres en punissant les fauteurs de troubles pour dissuader ceux qui seraient tentés d'en faire partie et, en même temps, garantir la sécurité des paisibles citoyens et de leurs biens. Bien au contraire, il a souvent montré tous les symptômes d'une cécité avancée et a influencé négativement la Perception collective de ses citoyens. Cet État qui devrait être l'inventeur et le garant de la conscience collective participe d'une certaine manière à sa propre corruption. Clairement, il a favorisé la culture de non-respect de la loi par son attitude oisive et amorphe vis-à-vis de ceux qui l'enfreignent. En lieu et place de punir des délinquants, certains agents de l'Etat poussent aux dénouements à l'amiable entre les parties en conflit moyennant des compensations qui souvent échappent à l'Etat. Ce qui est une situation répugnante dans un Etat qui se veut de droit. En effet, cet Etat organisateur équilibré de la société doit agir en protecteur et pourvoyeur aux besoins de sa population s'il veut être présent dans les esprits des citoyens et impacter leur Perception collective. Pendant plusieurs années, on assiste à un pouvoir d'Etat qui s'est rendu invisible dans la mémoire collective de la population. Les fermiers n'ont pas des routes de dessertes agricoles. Les élèves étudient dans des conditions d'indignité. Les villes sont non éclairées. Les malades n'ont pas de centres de santé pour se faire soigner, l'expansion de la malnutrition dans les grandes agglomérations et autres. Tous ces problèmes sociaux ne sont pas de nature à favoriser une Perception collective positive qui affecte la Mentalité collective à se développer. En effet, République après république, régime après régime, ce pays est allé crescendo de mal en pis. Dans chaque administration entrante, même après une « révolution », on y a retrouvé des mauvaises habitudes de celle qui l'a précédée. Ce qui fait que certains comportements sont devenus normaux dans l'esprit de plusieurs Congolais, faisant ainsi de cette tare une norme sociétale et une Mentalité. Le Zaïre est dans le Congo et le Congolais paraît comme un assemblage de tous les mauvais côtés du zaïrois. Les « bandits Zaïrois » du hier se sont transformés en Kuluna Congolais aujourd'hui. Voilà une illustration de la métamorphose négative que connaît ce pays. En effet, les jeunes gens qui étaient qualifiés de bandits de grand chemin hier sont devenus des Kuluna avec un degré de la violence qui a atteint un seuil extrême. L'Etat Congolais, sous différents régimes, n'a pas eu de bonnes approches pour contrôler cette délinquance juvénile devenue pratiquement une rébellion dans la ville. Cette épineuse question, qui est un piège pour la Jeunesse qui est la force et la république de demain, profite cependant à une certaine « mafia Congolaise » qui aime opérer dans des environnements d'insécurités et de désordres pour imposer son omerta en sapant en passant tout effort pour l'établissement d'un Etat de droit.

Quant à la justice qui en est le socle, il y a dans la gestion de système judiciaire un sérieux problème managérial dû principalement au choix des animateurs et à l'influence des politiques sur cet appareil noble. La question de la probité morale de son personnel pose un réel problème. Dans un domaine aussi sensible de l'État, on ne devrait pas avoir des personnes sans moralité et, de surcroît, assoiffées d'argent comme juges, magistrats ou huissiers car la crédibilité et la confiance à la Justice dépendent foncièrement de leur niveau d'éthique. Les Congolais ne font pas confiance en leur Justice qu'ils considèrent comme déséquilibrée, partiale et corrompue, une justice au service des plus offrants et aux ordres. En majorité pauvres, ils ont développé une Perception très amère de la justice qui les pousse à se comporter en victimes d'Etat. En outre, la corruption qui a trouvé domicile dans cette institution n'étonne plus personne. Des procès de la honte, des jugements trop sévères ou trop complaisants, des emprisonnements en cascades des délits mineurs qui ne feraient pas objet d'incarcérations ou d'emprisonnement sous d'autres cieux causant ainsi un surpeuplement dans les prisons pendant que les vrais prisonniers sont libres sur accords et influences politiques. Il est difficile de faire confiance en un tel système judiciaire. Mandats d'arrêt provisoire par ici et liberté provisoire par-là aux côtés d'un régime d'immunités de tous genres, les politiques ont tout fait pour influencer et vider de toute substance un appareil aussi majeur dans la création et la consolidation d'un Etat de droit.

Partie 3

La Religion et la Mentalité Congolaise

Lorsque l'on cherche à approfondir son raisonnement et l'on élargit ses limites, on découvre jusqu'où l'être humain peut aller.

L'oiseau vole et l'avion aussi. Ainsi, le ciel appartient à tous les deux.

Au nom de Dieu, des peuples ont été assujettis et rendus esclaves et certaines nations se sont séparées et d'autres créées. Toujours au nom de Dieu, il y eut des croisades, la colonisation et récemment le développement du réseau de terrorisme international. En effet, malgré l'évolution de manière fulgurante de la science et de la technologie, beaucoup de questions sans réponses ont réussi à maintenir l'homme dans sa position initiale à la quête de Dieu. Un Dieu qui aurait des solutions aux problèmes dont la science n'a pu élucider. Cependant, on peut donc observer par exemple dans les pays occidentaux comment la science a de plus en plus remplacé cette idée de « Dieu », qui fut la base de fondation de leur société, en un « outil de contrôle des faibles ». La religion a en effet réussi à maintenir les hommes dans une sorte de « Standby » en attendant une intervention qui viendrait de Dieu comme « concept ». De même, certaines nations en voie du développement ont elles aussi réussi à utiliser ce même concept comme un « instrument de résistance ultime » contre la domination et l'assujettissement des puissances occidentales. Ce qui fait qu'au nom de Dieu, le monde est scindé en axes du bien et du mal en fonction des intérêts des uns et des autres. Faudrait-il mettre Dieu de côté pour faire évoluer les sociétés ? Comme mentionné ci-haut, il est difficile à l'homme de pouvoir s'en passer de Dieu aussi longtemps qu'il a dans son esprit de nombreuses questions qui demeurent sans réponses. La religion paraît être un refuge de l'homme contre ses insuffisances, le retard de la science et autres. Car comment donc comprendre que tout un peuple puisse accepter de demeurer dans l'assujettissement d'un autre parce que convaincu par les enseignements selon lesquels Dieu serait bienveillant pour les pauvres et qu'il leur réserverait une place de choix dans son paradis ? comment donc ce peuple n'arrive-t-il pas à discerner que ceux-là même qui lui prêchent cette fameuse religion deviennent sous ses yeux plus économiquement stables et plutôt riches pendant que lui-même est de plus en plus paupérisé et maintenu dans sa pauvreté ? D'où leur vient cette force qui influe sur les habitudes et les comportements des fidèles au point de contrôler leur état mental par endoctrinement ? Est-ce aussi normal que même la République soit soumise au diktat de la religion quand on sait que les établissements religieux ne peuvent légalement exister qu'après l'agrément par le ministère de l'Intérieur ou et de la Justice, donc de l'État ?

En fait, il faut reconnaître que toutes les questions liées au développement et à la religion sont d'une telle sensibilité qu'elles demandent une certaine ouverture d'esprit pour être abordées. Il faut donc beaucoup de responsabilité et d'objectivité. Car il est important de réfléchir sur les voies et moyens de canaliser les atouts que possède la religion dans le but de la faire participer au remodelage d'une Mentalité Congolaise qui réponde aux aspirations profondes de ce peuple. En effet, la religion fut un élément central dans la construction de la Mentalité Congolaise et sa force et son influence continuent à enfoncer ce peuple dans la mauvaise direction. Et, puisque tout ce que l'on connaît de Dieu, c'est justement ce que ces hommes et ces femmes disant le connaître et être ses envoyés disent et font, il sied de se focaliser surtout sur la religion dans son aspect d'outil mis en place par ceux qui clament être ses envoyés plutôt qu'à Dieu lui-même. En fait, malgré le nombre croissant des établissements religieux et la prépondérance de leurs doctrines dans les esprits des leurs fidèles, on continue à observer une propension de la dépravation sans précédent des mœurs dans ce pays. Aussi, il faut reconnaître que les conditions socio-économiques et sécuritaires en RDC ne permettent pas aux citoyens de vivre dans un minimum de dignité humaine. Cependant, malgré cela, ce sont tout de même des enseignements religieux qui ont jusque-là permis de cultiver une certaine vie d'espoir dans le Congolais. La religiosité est devenue un mode de vie et exerce une grande influence dans les habitudes et comportements et dans les manières permanentes de penser, d'agir et de réagir face aux questions sociales les concernant. En effet, culturellement établie en norme sociétale et par sa façon de se transmettre, la religion est un transmetteur puissant des idées, des pensées et des habitudes susceptibles de bousculer l'ordre culturellement établi. En tant que phénomène culturel, elle a cette capacité de bâtir une nouvelle ligne de pensée avec des normes et principes taillés sur mesure et ce, avec tous les risques de dérapage possible. En effet, si une pelle a été utilisée pour creuser un trou, elle peut aussi être utilisée pour le boucher. Ainsi, la religion, qui hier a participé à la colonisation mentale des Congolais, a la capacité de participer autant à sa reformation aujourd'hui. Comme une pelle, tout dépend de son utilisateur.

Dieu ou l'homme, ou une question des sphères

Souvent, on entend dire : « Dieu voit tout » ou « Dieu connaît tout » ou encore « Dieu va faire ». Ce sont des petites phrases fréquentes qui peuvent avoir des connotations allant dans tous les sens et qui peuvent en même temps dévoiler toute une Mentalité. Ces genres de phrases créent des limitations dans les capacités de l'homme à continuer à pousser sa réflexion plus loin, à approfondir les recherches mais à subir. En réalité, elles réussissent à installer le défaitisme dans l'esprit de l'homme pourtant doté des capacités incroyables par ce même Dieu « créateur ». En effet, depuis les temps les plus anciens, l'homme a réalisé des prouesses inimaginables lorsqu'il l'a voulu. Toutes les réalisations qu'on trouve normales de nos jours ne seraient pas là si ceux qui ont précédé cet âge avaient aussi dit « seul Dieu connaît » ou « Dieu va faire ». Par exemple, pour avoir le feu, l'homme est parti des techniques de pierres aux allumettes aujourd'hui. Aussi, avec un peu de croiser les bras, l'homme serait resté en train de continuer à se déplacer avec des chameaux et des chevaux car il n'y aurait pas des voitures et d'avions qui sont fruits de la grandeur de l'intelligence humaine. Le Roi Salomon de la Bible le disait en ces termes : « un peu de sommeil, un peu d'assoupissement, un peu croiser les mains pour dormir… Et la pauvreté te surprendra, comme un rôdeur, et la disette, comme un homme en armes » Proverbes 24 :33-34.

En fait, c'est cette même intelligence qui a balayé les allégations qui ont pendant longtemps fait le lit des mythologies. En son temps, Galilée a démontré que c'était plutôt la terre qui tournait autour du soleil et non le contraire. L'homme a prouvé que la lune n'était qu'un astre où l'on pouvait aussi aller visiter et non une divinité. En effet, tout ceci prouve que lorsque l'on approfondit le raisonnement et l'on élargit ses limites, on découvre jusqu'où l'être humain peut aller. L'oiseau vole et l'avion aussi vole ainsi le ciel appartient à tous les deux. Cependant, pour beaucoup de croyants, l'expression « Dieu voit tout » a constitué un mur interdit de franchir, donc un obstacle. Et pourtant, Dieu devrait être une force pour continuer et non pour s'arrêter, un motif de se réveiller et non un somnifère qui plonge dans un profond sommeil, une expression de grandeur infinie et d'expansion et non une limitation. Au fait Dieu, c'est la foi, la persévérance et la dynamique, donc le travail. En réalité, cette expression-là est aussi celle de l'extériorisation d'une dangereuse défaillance d'état d'esprit car elle est susceptible de rendre normale toute situation qui a causé du tort en la plaçant sous le sceau du destin, disant que c'est arrivé car Dieu qui voit tout l'a permis dans sa souveraine volonté. Ainsi, beaucoup de bourreaux sont dédouanés de leurs forfaitures en RDC au nom de ce « Dieu voit tout » pendant que sous d'autres cieux l'expansion de l'intelligence permet d'élucider grâce à la forensique des crimes commis même à posteriori. En fait, la religion imagine trop Dieu et ne connaît que très peu l'homme.

Selon Agbo Dadie (2000), « toute religion est mythologie ». Or, lorsque le concept « Dieu » est défini en accord avec cette dimension mythologique de religion, c'est- à-dire « récit et explication », l'homme est automatiquement relégué au second plan et, il devient difficile pour qu'il puisse trouver sa place dans ce monde qui attend beaucoup de lui. Dieu est dans les cieux et la terre est une sphère supposée être sous la domination de l'humain. Dorénavant, il revient à ce dernier d'en prendre conscience au risque de continuellement s'en remettre à « Dieu » pour des choses qui demandent son intelligence et sa force. Toutes les autres nations qui pourtant croient en Dieu ont intégré cette réalité et en vivent le bonheur comme bénéfice et parviennent à diriger le monde. Il faut que les Congolais arrivent eux aussi à redéfinir ce grand concept « Dieu » s'ils veulent vivre un destin digne. Le Dieu aussi puissant qui dans « les cieux » a donné en héritage une terre aussi riche à un peuple aussi grand comme eux. Voilà une définition qu'ils doivent intégrer s'ils veulent vivre dans la vraie foi et évoluer en même temps.

La Mentalité d'hommes providentiels

En effet, la religion réussit à tout spiritualiser. Par sa magie de contrôle de pensée et sa capacité persuasive, elle parvient à prédisposer les croyants à tout accepter au nom de la volonté de Dieu et donc du destin. Il est vrai qu'il y a des hommes et des femmes dont la marche et les réalisations ont marqué leur temps et leur époque. Cependant, il est tout à fait absurde de conclure que ces êtres humains-là ont été prédestinés à faire tout ce qu'ils ont pu accomplir. Parce que s'il faut se rappeler, on se rappellera aussi que parmi ceux qui ont une fois été présentés comme des hommes de destin, nombreux n'ont jamais pu accomplir les prouesses pour lesquelles la croyance était basée. En vrai, si la religion est l'une des inventions humaines les plus extraordinaires, elle n'est cependant pas une science exacte. La plus grande erreur qu'elle commet, c'est de prétendre avoir de réponse à tout. Malheureusement, c'est cette approche approximative à vouloir tout expliquer, souvent de façon subjective, qui a longtemps mis les hommes de la religion en porte-à-faux face aux faits.

En effet, combien de dictateurs ont par exemple été chantés et adulés parce qu'ils ont été présentés par les saints des églises comme hommes providentiels ? La Mentalité d'hommes providentiels est un frein pour l'épanouissement de la société dans son format actuel car elle maintient la société dans le stage de raisonnement primitif. Emmanuel Kant cité par Sarthou-Lajus (2002) met un accent sur l'intérêt de la religion à ce que les citoyens puissent demeurer comme « des enfants que l'on n'autorise pas à penser par eux-mêmes ». En réalité, les citoyens de valeurs qui sont dans chaque société humaine ne trouvent plus l'utilité à chercher plus d'excellence parce qu'ils sont intimidés par cette religiosité imbue qui empêche le développement d'un esprit de concurrence et de compétitivité entre eux. En effet, c'est prétentieux et manipulateur que de dire comme Mobutu « après moi c'est le déluge » car avant lui il y avait des hommes et des femmes de valeur et après lui il y en aura. En fait, cette attitude met plus des pressions sur les épaules de ces hommes qu'on présente comme providentiels et finissent par les rendre dictateurs ou voire gourous. Car, lorsqu'on est convaincu d'être investi d'une autorité ou d'une mission divine, on se met sans le vouloir dans la peau d'un messie, cet homme capable de produire des résultats miracles quand bien même les conjonctures ne les permettent pas. Et pourtant, les faits finissent tôt ou tard par les démystifier en révélant la nature purement humaine de chacun de ces êtres adorés. En réalité, cette Mentalité de ''moi ou rien'' n'est qu'une entorse à l'épanouissement des peuples qu'il faut combattre par tous les moyens. Aussi, avec cette notion de Mentalité d'hommes providentiels, la religion a sournoisement réussi à rendre la notion de la souveraineté populaire dérisoire et celle de suffrages universels aléatoire, les notions qui sont pourtant l'expression et la volonté du peuple.

En fait, la démocratie et la notion de souverain primaire ont été vidées de toutes leurs substances et ont été reléguées au second plan. Les interprétations de la Bible par les prédicateurs les ont remplacées par la notion très ambiguë de « volonté de Dieu » en aveuglant des citoyens-croyants qui deviennent ainsi inaptes dans la revendication de leurs droits. Si donc Dieu reconnaît le travail des juges et des magistrats dans le livre sacré des chrétiens lorsque l'apôtre Paul écrivait dans l'une de ses lettres : « car le magistrat est serviteur de Dieu pour ton bien » (Romains 13 :4), il voudrait implicitement dire que réclamer ses droits ne peut pas être en contradiction avec la « volonté de Dieu ». Pourtant, en lieu et place de revendiquer leurs droits, beaucoup se mettent à prier. Voilà comment la religion arrive à sortir des dictateurs enfouis dans chacun de ces dirigeants. En démocratie, c'est le peuple qui choisit et non Dieu. Ce choix est un mandat et une responsabilité qui s'accompagnent toujours de devoir de redevabilité. Or, l'homme providentiel se voit dans cette position de leadership grâce à « la volonté de Dieu », le seul auprès de qui il peut rendre compte. Quand bien même Rémi Brague (2007) rappelle que la démocratie contient des racines théocratiques dans son histoire, sa définition profonde, liée à la liberté telle que voulue et exprimée aujourd'hui dans les sociétés occidentales, ne lui autorise plus une telle connexion. Ou c'est la théocratie ou bien c'est la démocratie. Or Dieu a créé la terre et les peuples ont fondé des nations. Il revient donc à ces peuples de tirer des leçons qu'il faut s'ils veulent vivre leur destin à la place de celui fomenté par certains religieux. En effet, le culte de personnalité qui s'accompagne des slogans souvent creux et de chansons de louanges à la gloire de chefs sont en fait des signes extérieurs de l'emprise de la religion sur un peuple. Révolues sous d'autres cieux, ces pratiques gardent encore tout leur sens dans des pays où la religiosité a de l'ascendance sur la science. Tenez ! les effigies de celui-ci par ici et le nom de celui-là par-là, et tout ça, pour endoctriner tout un peuple. Rien ne peut se faire sans la bénédiction du chef. Pourtant, tout n'est qu'un tissu de mensonge destiné à pérenniser une farce habilement cousue. En support de cette supercherie, certains médias ont souvent joué un rôle décisif dans l'enracinement de cette Mentalité par des pratiques qui la normalisent dans le cerveau humain. En effet, cette culture d'hommes providentiels a affecté des sociétés africaines en commençant par détruire la famille qui en est une structure de base. Elle est devenue la mère de la Mentalité d'assisté dans beaucoup de ménages Congolais qui fonctionnent autour d'une seule personne qui a réussi à percer dans la société, en faisant d'elle la colonne incontournable de la tente familiale sous laquelle tous devraient se reposer. Il est vrai que la famille est un cercle merveilleux où l'on peut s'y appuyer pendant un temps au besoin. Mais par-là, développer tout un état d'esprit serait une coûteuse erreur car elle joue sur le respect et la dignité individuelle. En effet, une maison peut avoir plusieurs colonnes selon l'utilité de chacune. Il n'est pas non plus impossible de naître dans une famille pauvre, de se battre et de réussir finalement. Tout est question de Mentalité. Il faut comprendre que lorsqu'un édifice ne se repose que sur une seule colonne, elle ne résiste pas très longtemps et il y a une forte probabilité de l'écroulement soudain. On ne peut bâtir ni une nation ni une famille en s'appuyant sur un homme providentiel car faillible et mortel est tout homme. En effet, une nation pèse lourd. Il revient donc à tout le peuple de pouvoir la porter. Ceux qui meurent laissent la place à ceux qui naissent pour ainsi maintenir l'équilibre. Ceci est autant valable pour la famille. Si donc, les bras d'un seul ne pourrait pas toujours supporter le poids de toute une famille, à combien plus forte raison ceux d'un seul individu une nation ?

La religion et la formation d'une Mentalité

La religion est d'abord culturelle. Et, comme tout autre phénomène culturel, ses idées, rites et connaissances sont transmis d'humain en humain par initiation et sont maîtrisées grâce à l'insistance de celui qui enseigne et de la persévérance de celui qui est initié. En d'autres termes, elle utilise les mêmes méthodes pour inculquer au cerveau humain une ligne de conduite et, bien au-delà de ça, un mode de vie. En fait, tout se fait de façon graduelle. Enseignement après enseignement, les croyants sont initiés selon le modèle défini au préalable par leurs gourous. Le modèle qu'ils se sont sculpté et auquel ils croient être le meilleur et idéal. C'est ainsi que dans la pensée du croyant la seule vérité est ce que présente la religion. Ce qui fait de ces enseignants des maîtres à penser pour leurs disciples. Au fait, c'est de cette prétention de posséder la vérité que naisse l'extrémisme religieux qui pousse les fidèles dans des positions dangereux.

Mais seulement voilà, la religion est très subjective et sujet d'interprétation individuelle. De ce fait, elle peut facilement être manipulatrice puisque cette interprétation dépend donc des objectifs réels que se fixe l'enseignant. Par conséquent, les disciples sont réduits dans une croyance souvent aveugle aux allégations présentées comme venant de Dieu par manque de moyens objectifs de vérification. En effet, la religion peut devenir un dangereux sédatif qui peut utiliser la dimension d'instinct ou animale de l'homme. Ainsi, la dimension psychologique de la religion peut aisément manipuler l'instinct de l'homme qu'elle perçoit, de fois sans le savoir ni le vouloir, comme n'importe quel animal à dresser. De la même manière que les experts des cirques animaliers travaillent jusqu'à modifier le comportement de leurs animaux, féroces soient-ils, les gourous religieux utilisent eux aussi ces mêmes techniques pour dominer sur leurs disciples. Car lorsque la raison ne fonctionne plus, l'être humain peut être placé dans une même enceinte que n'importe quel animal. C'est comme ça que beaucoup d'intellectuels sont pris au piège et succombent à sa ruse parce qu'ils n'arrivent pas à trouver de l'équilibre entre religion et science pour y résister. En réalité, Personne n'est à l'abri de la manipulation, surtout lorsque le manipulateur est un homme de la religion. En effet, la manipulation consiste à faire faire sa volonté de façon sournoise à autrui. Et, comme on peut bien l'imaginer, le scaphandre d'homme de Dieu porté par le manipulateur pèse beaucoup sur la psychologie du manipulé.

Puisque personne ne conteste contre Dieu, autant personne ne le fera contre « son serviteur ». C'est là que se cache la sournoiserie de la manipulation au nom de « Dieu ». Or, à l'hypothèse souvent présentée selon laquelle « seuls les serviteurs de Dieu sont en contact avec Lui », leurs paroles et leurs interprétations des faits sont prises comme étant inspirées de Dieu et donc sujet d'aucune contestation. C'est ce qui conditionne de facto le cerveau humain à accepter ces « allégations » et prédispose l'homme à une soumission très souvent aveugle au nom de ce Dieu. Peut-il encore avoir une contestation contre « Dieu dit » ou « Dieu m'a dit » ? Voilà jusqu'où la religion peut foncièrement affecter la psychologie humaine en réduisant à un béni-oui-oui l'être le plus intelligent de la planète.

En effet, dans ce pays où plus de quatre-vingts pourcents de la population sont des croyants dont la majorité chrétienne, la religion s'est établie au fil des années comme élément incontournable dans la formation et ou la transformation du mental collectif des Congolais. Son influence est perceptible dans toutes les sphères de la RDC. Dans un pays qui se dit laïque, on vit au rythme d'une République chrétienne où tout fait référence à la prière et à Dieu : des veillées de prières tapageuses nocturnes se multiplient troublant la quiétude des citoyens, des cultes matinaux dans les ministères d'Etat ou des moments de prières dans les parades militaires et autres. En fait, comment comprendre que ceux qui font ces tapages nocturnes ne réalisent-ils même pas les effets nocifs de leurs actions sur la quiétude de paisibles citoyens ? On peut aussi se demander comment ces citoyens dont la quiétude est troublée arrivent-ils à accepter de tels comportements ? En effet, « Au nom de Dieu », les Congolais arrivent à tout accepter sans réagir de peur à énerver « Dieu ». La religion a donc réussi au nom de Dieu à déformer la Mentalité de la plupart de Congolais. Par son pouvoir manipulateur, elle a réussi une sorte de corruption mentale en faisant passer des bruits pour des prières adressées à

Dieu comme si les verbes prier et crier étaient deux mots synonymes.

La religion et le danger de la manipulation

En effet, avec sa dimension d'irrationalité, la religion n'exige pas beaucoup d'effort mental ou de réflexion profonde ou encore d'analyse critique. Partant de là, elle peut devenir dans certains cas un élément puissant de contrôle et de manipulation. Puisqu'une Mentalité se forme, elle peut être déformée ou réformée. Étant dans la grande majorité croyants, les Congolais sont très exposés à la force de modelage basée sur la religion chrétienne en particulier. De ce fait, leurs traditions et mœurs sont désormais basées non pas sur les rudiments de leurs ancêtres, de leur histoire et ou de leur culture mais plutôt sur celles de ces religions inspirées des cultures et traditions venues d'ailleurs. Voilà pourquoi on retrouve des Congolais qui veulent réfléchir Juifs, parler Hébreux et Araméen et se comporter comme eux oubliant qu'ils ne sont pas et ne seront jamais eux. Pourtant, la religion ne devrait pas être une contrainte mais un plaisir, un choix et une liberté. Combien de juifs portent-ils déjà des noms Congolais par exemple ?

En réalité, la religion a longtemps été utilisée comme une arme civilisationnelle pour imposer certaines cultures et traditions des uns sur les autres. Les croisades et la colonisation en sont des preuves historiques qui corroborent cet argument. En effet, lors de la colonisation de la République démocratique du Congo, la religion fut utilisée comme un élément central pour contrôler les pensées de différents peuples qui constituaient l'espace Kongo. C'est pourquoi parmi les premières réalisations, on peut noter la construction des établissements religieux dont la proximité des uns des autres était très frappante et calculée. En réalité, ces lieux supposés des cultes à Dieu serviraient discrètement de cadres de rencontre secrètes où se peaufinent diverses stratégies pour mieux contrôler les Congolais. En fait, l'autorité religieuse fut donc l'autre bras du pouvoir politique d'oppression établi pour faire accepter l'inacceptable aux peuples autochtones afin de les maintenir dans la soumission « au nom de Dieu ». Et pourtant, les blancs ont trouvé Dieu dans chaque peuple qui habitait l'espace colonisé. Puisqu'il y avait déjà de nom de Dieu dans chacune des langues ou dialectes de ces peuples. En réalité, Dieu est une présence dans chaque être humain. C'est une manifestation au milieu de tous les peuples. Il est cette réalité dans l'homme qui se cache derrière ses désirs d'excellences, de grandeurs et surtout dans sa pensée de vivre éternellement. En d'autres termes, on observe que l'homme fait tout pour tout contrôler. Il veut aller partout et tout connaître. Ainsi, il n'existe pas un peuple qui vit sans l'idée de « Dieu ».

Au Congo, tous ces peuples dans leurs diversités étaient structurés et organisés autour des valeurs spirituelles dont la plupart se retrouvent curieusement dans les fameux dix commandements de Moïse dans la Bible. « Tu ne voleras pas », « tu ne prendras point la femme d'autrui » et bien d'autres étaient déjà perceptibles dans leur vécu quotidien comme normes sociétales établies par leurs ancêtres qu'ils mentionnent chaque fois pour donner de la substance spirituelle à leurs propos. Cependant, certains diraient que « Dieu a dit » est différent de « les ancêtres ont dit ». Ce qui n'est pas tout à fait faux. Néanmoins, avec un peu de réflexion et un brin de courage, on peut se demander, sans tomber dans l'assertion « ancêtres égal Dieu », comment des ancêtres Kongo noirs ''sans civilisation' pouvaient- ils dire la même chose que ce que le Dieu tout puissant a dit à Moïse ? En lisant la Bible, on note à plusieurs reprises le nom de Moïse qui est associé à la loi. En réalité, ce Moïse n'est autre que l'un des ancêtres des juifs. Et, est-il normal que les ancêtres des autres puissent enseigner et pas ceux de Kongo ? Si les ancêtres d'autres peuples pouvaient recevoir des vibrations spirituelles et comprendre la dimension spirituelle de choses, on doit admettre que cela peut aussi être valable pour les ancêtres Kongo dont la spiritualité transmise et initiée possède des similarités étonnantes, dans la pratique, avec celle de la bible. En fait, la question intéressante serait plutôt celle de savoir peut-être qui aurait copié l'autre. Par exemple, la circoncision de tous les enfants mâles qui est ce signe majeur de l'alliance que Dieu a faite avec le patriarche de juifs Abraham qualifié de « père de la foi » se pratiquait déjà chez les Né kongo. Tandis que les européens venus coloniser étaient eux-mêmes des incirconcis. On peut avec un peu d'humilité conclure que les ancêtres Kongos avaient la connaissance de Dieu bien avant la venue des blancs.

Autre chose, c'est que certains enseignements religieux canalisent les énergies populaires à des fins politiques de leur choix. Ils arrivent à dresser les populations contre les autorités ne répondant pas aux aspirations de l'Église, des aspirations qui ne sont pas nécessairement celles de Dieu et ou du peuple. Tantôt, ils réussissent à mettre sous la coupe du pouvoir des masses des fidèles aveuglés, tantôt ils les dressent contre. En effet, les hommes de la religion ont cette capacité de sculpter, en vrais artistes, les Mentalités de leurs fidèles en leurs donnant différentes formes et directions. En fait, la religion est un puissant outil de contrôle de pensée, un opium du peuple administré par des « pères » et des « Daddy », des appellations présentées comme respectueuses d'autorité mais qui ont un impact psychologique énorme sur les croyants. Cela est autant valable pour les religions exogènes que des religions ou spiritualités endogènes dont les sources sont Congolaises. A la différence des religions exogènes ou importées, les endogènes congolaises sont des endroits où les valeurs, traditions et culture Kongo sont plus ou moins observées et promues. Parmi les nombreux établissements qui existent, il y a le Bundu dia Kongo et l'église Kimbanguiste. En effet, si le Kimbanguiste a un important ancrage national et est aussi bien établi dans la diaspora Congolaise, le Bundu dia kongo est plus réputé pour ses prises de positions dures contre différents régimes au Congo et la spiritualité purement kongo qu'il enseigne.

Les Religions importées et leurs bagages

La religion en bon phénomène culturel porte un lot de traditions et langues de lieux et de peuples d'où elle est originaire. Ce sont des puissants éléments et transmetteurs de la culture. Le christianisme qui est perçu comme une religion d'Etat en RDC du fait de nombre de fidèles parmi lesquels figurent de nombreuses autorités du pays a ramené dans ses bagages trois différentes cultures qui ont affectées la Mentalité Congolaise. Premièrement, par ses racines occidentales, les colonisateurs Portugais et puis Belges ont réussi à imposer la culture Européenne dans les élites formées. Deuxièmement, étant donné que cette religion est inspirée de la bible qui est un livre qui raconte l'histoire, les traditions et la culture de peuple juif, elle a mis en difficulté et étouffé une culture Congolaise authentique aussi riche. Et enfin, les églises dites de réveil ont propagé et fait adopter la puissante culture américaine dans la Mentalité de leurs fidèles. En fait, toutes ces importations ont réussi malheureusement à déconnecter les Congolais de la culture Kongo et les ont déboussolés de l'inspirée direction voulue par leurs ancêtres. En effet, culturellement parlant, l'influence d'autres cultures est devenue tellement forte que la culture Congolaise telle que vécue actuellement n'est qu'un assemblage de ces différentes cultures importées par différentes religions et assaisonnées des résidus de la culture Kongo. Pour dire autrement, la culture Congolaise est différente de la culture Kongo car elle n'est qu'un résultat d'une acculturation imposée par les religions importées.

En effet, étant donc de puissants véhicules des cultures et traditions importées, les religions exogènes cherchent à imposer la vision, la perception, le mode de vie et donc la Mentalité de l'autre sur soi. En République démocratique du Congo, le phénomène « religion » a réussi à emprisonner « l'âme » de tout un peuple en le détachant de sa vraie culture. Malheureusement, de cette aliénation religieuse est née un déni de soi dans bon nombre des Congolais et beaucoup ont développé un complexe d'infériorité. Ils ont plus de considération pour ce qui est loin plutôt que pour ce qui est près. Ils donnent plus de valeur à « là-bas » au lieu « d'ici ». En d'autres termes, les Congolais vivent dans un état d'esprit où ce qui est vrai doit venir d'ailleurs et de l'autre. C'est une façon de voir les choses qui a une incidence négative directe avec l'amour de la patrie, le patriotisme.

La guerre de religions

Dès lors que la religion fut partie intégrante dans le processus de la colonisation de la République démocratique du Congo, il fallait s'attendre tôt ou tard à une guerre entre les religions exogènes ramenées par les colonisateurs et les religions endogènes de souches Kongo. En bon élément de contrôle de la pensée et qui influence le comportement humain, les colonisateurs se sont servis de la religion dans leur offensive de colonisation mentale des peuples trouvés sur place. Pendant ce temps, les religions originaires Kongo ont elle aussi réussi à développer une sorte de résistance en utilisant le même outil contre les enseignements venus d'ailleurs. Souvent vilipendées, traitées de sectaires et de la sorcellerie africaine, ces religions endogènes ont été pendant plus d'un siècle victimes d'une offensive sans répit de la part de leurs concurrentes qui sont camouflées derrière différentes autorités politiques comptés parmi leurs fidèles et de certains gourous des églises de réveil. Pour Zahan (1980), « Depuis presque cent ans, l'occident a vu plutôt de la sorcellerie, de la sauvagerie et des obscénités, en sommes une caricature de l'humain, là où l'Africain engageait ses valeurs les plus authentiques quand il jouait sa destinée ». Il s'étonne que, pour des pensées aussi similaires chez les japonais et les chinois, « personne ne s'étonne en occident ». Cependant, cette guerre des religions a créé une forme de radicalisation et d'extrémisme dans certaines couches de la population qui se sont retrouvées plus croyants que citoyens. Pour dire d'une autre manière, cette guerre des religions a de fois pris des proportions telles que la République est reléguée au second plan et n'est plus considérée comme la raison majeure de rassemblement des citoyens qui s'identifient désormais plus par leur appartenance religieuse qu'à la République.

En effet, les religions exogènes sont une importation de l'autre et une initiation à devenir l'autre par ses traditions et ses cultures. Bâties sur les « valeurs importées », elles véhiculent la pensée, la Mentalité et placent une civilisation en ascendance d'une autre. Dans le cas de la RDC, elles ont imposé les valeurs de la civilisation occidentale en dégradant souvent les traditions Kongo. Elles ont par exemple balayé les méthodes scientifiques de la médecine traditionnelle Kongo en qualifiant de sorciers les guérisseurs parce qu'ils ne maîtrisaient pas leurs techniques. En effet, ces peuples organisés en royaumes structurés, avec un degré élevé de valeurs morales et d'esthétiques bien avant l'arrivée des explorateurs et chercheurs portugais en 1483, se sont vu être classés dans la liste de « non-civilisés ». En effet, pour Picard (1990), le remplacement des prénoms africains de naissance par des prénoms de baptême occidentaux ou des surnoms bibliques pour les convertis dans les églises de réveil est l'un des éléments probants qui justifient les intentions de dominations. En réalité, les religions ont tout démoli d'une culture considérée par bien de chercheurs africains comme l'ancêtre de la civilisation Égyptienne pour imposer celle qui a été apportée dans leurs bagages missionnaires et colonisateurs. Ainsi, ce mal a une origine bien lointaine et a pris des racines. La RDC et l'Afrique sont en train de perdre clairement cette guerre des civilisations via l'implantation sans contrôle des religions exogènes.

L'Américanisation du Gospel et le Néo- libéralisme

L'évangéliste Luc de la bible écrivait : « Nul serviteur ne peut servir deux maîtres. Car, ou il haïra l'un et aimera l'autre ; ou il s'attachera à l'un et méprise l'autre. Vous ne pouvez pas servir Dieu et Mammon » (Luc 16 :13). Pourtant, c'est exactement ce que la plupart des évangélistes aux Etats unies ont réussi à faire. Ils ont associé Dieu et Mammon. En effet, la montée en puissance en RDC des églises dites de réveil depuis le début des années quatre-vingt ne faiblit pas. Sorti de courant Protestantisme Pentecôtiste avec la bénédiction des évangélistes de renoms tels que T L Osborn, Jacques Vernot, Nkelani, Aidini Abala et bien d'autres, ce courant évangélique a vite opté pour un basculement dans ce qu'on peut qualifier « d'Américanisation du Gospel ». En effet, les églises de réveil peuvent être définies comme une aile de religion chrétienne dont le style et la façon de pratiquer sont liés à la culture et la vision néo-libérale Américaine. En réalité, c'est un évangile colorié, adapté et modelé en accord avec le rêve et la Mentalité des Américains que les évangélistes Congolais ont adopté et s'en sont approprié. Cependant, fallait-il vraiment le copier sans intelligence et vaudrait-il la peine d'en consommer sans modération aucune ? Si donc les évangéliques américains n'ont pas eu à tout copier des autres mais ont adapté l'évangile aux valeurs qui sont les leurs, comment donc ceux de la RDC ne pouvaient-ils pas avoir ce même réflexe et ajuster leurs enseignements aux mœurs et valeurs de chez eux ? Lorsque par exemple les évangélistes d'Amérique prêchent l'évangile de la prospérité qui est une ligne d'évangile qui a fait le bonheur de plusieurs prédicateurs de la RDC en appauvrissant leurs fidèles, ils le font dans un monde libéral où les opportunités sont multiples et la probabilité d'emplois ou de la création de business est infiniment supérieure à celle de la RDC. Comment comprendre qu'on puisse demander à une pauvre mère qui n'a d'ailleurs rien mangé et a de surcroît fait le pied pour venir écouter la parole de Dieu de pouvoir « semer » pour activer sa bénédiction ? Comment donc le suprême Dieu miséricordieux lui-même n'aurait-t-il plus pitié des pauvres au point d'envoyer ses serviteurs leur demander de l'argent pour qu'il puisse les localiser tandis qu'ils sont déjà à l'église ? Ici la question n'est pas vraiment l'évangile, c'est celle de la conjoncture économique qui se pose. En effet, les prédicateurs américains s'adressent à des audiences dans un pays où le taux de chômage est en dessous de dix pourcents de sa population globale tandis que ces genres de prédications sont répliquées dans des audiences d'un pays où le taux de chômage est supérieur à quatre-vingts pourcents. Et même, lorsque les évangélistes d'Amérique font des appels de fonds, c'est à une population où ceux qui travaillent gagnent un minimum de prêt de trente dollars par heure, en accord avec les statistiques de 2020 du Bureau Américain de Travail (US Bureau of Labour), que ces enseignements sont conçus. Tandis que ces mêmes sermons sont repris dans des églises d'un pays où les populations qui travaillent perçoivent plus ou moins sept mille Francs Congolais par Jour, soit l'équivalent de plus ou moins trente centimes de dollar par heure, si l'on s'imagine qu'ils travaillent huit heures par jour. En fait, la plupart de ces établissements sans but lucratif ne seraient qu'une simple couverture pour éviter des taxes et impôts sur les revenus et permettre à leurs gourous de rouler carrosse. Puisque matin, midi et soir, on ne parle que d'argent, comment concevoir qu'une telle entreprise soit perçue comme étant différente de toutes les autres qui ont mis l'argent au centre ? Quand bien même, au regard de la loi, ces établissements appartiennent à la communauté, la plupart de leaders s'arrangent pour que la succession se fasse au niveau familial en propulsant leurs progénitures dans le carré dirigeant qui est généralement composé de fidèles des fidèles. En réalité, beaucoup sont donc des vrais centres d'affaires qui rapportent gros. Pour éviter tout contrôle et toute ingérence dans ce qui est désormais considéré comme bien privé, leurs patrons ont opté pour la version américanisée de celles- ci : « les ministères ». En RDC, un pays francophone, on utilise une expression anglaise

« Ministry ». C'est une évolution « négative » car elle cache une nette volonté de s'approprier dès le début un investissement communautaire. En effet, tout s'est fait avec une subtile évolution très calculée : de « tel » groupe de prière à l'assemblée « telle », puis l'église « telle » au ministère « tel ». Ce nouveau phénomène copié du monde d'Amérique est une cerise sur le gâteau de la médiocrité déjà établi. Il part de « tel » ministère pour finir par « un tel » Ministry où le nom du propriétaire est désormais dans le registre officiel donnant ainsi tout droit de succession à la seule volonté du « ministre ». C'est de la sournoiserie et évidemment de la manipulation. Ce qui jadis appartenait à toute une communauté revient désormais à un seul individu qui en a dorénavant le plein pouvoir décisionnel au nom de « son appel » et de « son Dieu » rendant ainsi tout débat à propos inutile et toute contestation impossible dès lors que la boucle est bouclée.

Les ministres et leurs ministères ou de l'Hypnotisme

En effet, l'Américanisation du gospel permet de maintenir les fidèles qui sont pourtant des citoyens dans une prison déjà trop difficile de sortir. Le « Ministry » est un moyen de mieux contrôler les revenus que procure l'évangile. Ayant une apparence d'une simple appellation, beaucoup ne constatent pas ce revirement à cent quatre-vingts degrés qui se produit dans le milieu des églises évangéliques. Partis des groupes de prières associées aux noms de communes, de quartiers ou des avenues qui abritent les réunions aux assemblées énonçant la mission ou vision en passant par les églises de, il y apparaissait encore en semblant de sérieux. Au fait, dans toutes les précédentes appellations, on peut facilement remarquer que les noms des personnes ou des leaders n'y étaient généralement pas mentionnés sauf lorsque c'est devenu « Ministry ». Est-ce une façon de mieux sécuriser leurs « entreprises » et d'éviter une mainmise indésirable que cela a paru bien nécessaire aux fameux « ministres » de Dieu ? Comment contester une société dont le nom du propriétaire est clairement mentionné dans l'appellation même de celle-ci ? En fait, l'effet psychologique énorme qu'engendre ce vent venu des Etats unis constitue aux yeux des illuminés une évidence de la privatisation de propriété commune par le seul gourou et ses descendants.

En effet, bien au-delà de tout, ce vent des églises de réveil a réussi à avoir une mainmise sur le fonctionnement de la République. On voit de gourous mettre certaines hautes autorités de l'Etat à genoux devant les caméras du monde entier. Cette pratique qui donne l'impression d'un témoignage fort de la soumission de l'autorité à Dieu n'est en réalité qu'une démonstration du niveau de la soumission de pouvoir d'Etat face à la Religion. En fait, pourquoi mettre à genou un chef devant ses subalternes et ou pourquoi doit-il être fait devant les caméras et c'est quoi l'effet indirect d'une image montrant deux individus dont l'un est debout et l'autre à genou ? En réalité, cette soumission n'est pas à Dieu qu'elle est prouvée mais à l'homme dit « de Dieu » ou au gourou. Car, se soumettre à Dieu, c'est faire en tout temps sa volonté. Ce qui est une façon de faire que malheureusement très peu d'autorités ont su démontrer faute sûrement à la chair qui est dite « être faible ».

En effet, les prophéties qui font peur et qui sont liées à la fonction des certains dirigeants sont une arme létale à longue portée et à forte détonation. Elles sont minutieusement utilisées comme hypnose sur les autorités soigneusement ciblées et surtout ceux qui ont une portion importante de pouvoir décisionnel dans l'appareil de l'Etat de sorte à influencer la direction que doit prendre la République. Voilà comment la religion arrive à imposer malicieusement sa vision sur la République en modifiant ou en créant une Perception voulue dans ces dirigeants ciblés avec le but d'hypnotiser l'État. Car comment un Juge qui est fervent disciple d'un gourou rendrait-il un jugement allant à l'encontre de la volonté de son maître à penser ? Comment est-ce possible d'exécuter un mandat d'arrêt émis par la Justice à l'encontre d'un des fils de gourou par un responsable de la police qui est son fervent disciple ? Ou encore, comment parviendra-t-on à voter des lois de la République qui régulent les pratiques obscures des certaines religions dont les gourous sont des maîtres à penser de ceux qui dirigent et votent les lois ? Partant de ces quelques exemples, les Congolais ne sont-ils pas en droit de demander où donc va leur République. En effet, lorsqu'un juge est soumis à l'hypnose religieuse, c'est la loi qui est tordue et, par conséquent, c'est la République qui en paye le prix. Ainsi, la plupart de ces « Ministries » ne doivent plus être perçus comme des Associations sans But Lucratif mais une innovation dans le domaine de Business Management. Car, elles ont réussi à établir des sociétés très rentables qui échappent à tout contrôle de l'Etat en détournant « légalement » ce qui devrait appartenir à toute une communauté. C'est tout un système qui a gagné du terrain et qui continue à prendre de plus en plus d'ampleur chemin faisant. Les gourous religieux ont réussi à avoir beaucoup de leurs disciples et fidèles dans la sphère du commandement du pays. Ce qui permet l'expansion de leur champ d'autorité et donc de leur capacité de manipulation. En prenant dans leur captivité spirituelle de hauts gradés de l'armée, de la police et des services « au nom de Dieu », c'est toute une forme de pénétration bien organisée des services de sécurité qui sont censés pourtant garder et protéger la nation.

La Religion, l'Éducation et la Mentalité

Il est important de noter que dans ce domaine particulier de l'éducation, les religions importées ou exogènes telles que Catholique et protestante ont contribué énormément dans la formation des élites Congolaises dès avant l'indépendance à nos jours. La majorité de la classe dirigeante de l'après l'indépendance est sortie des écoles de formations de ces églises particulièrement les catholiques pour constituer la nation Congo- intelligente. C'est aussi à ces églises que revient le crédit de l'organisation de la

République dans les premières heures qui ont suivi son accession à la souveraineté nationale et internationale. Cependant, leur système d'éducation ne cadrait nécessairement pas aux besoins profonds des Congolais. Car, étant naturellement conçus pour porter et delà pérenniser des valeurs de la civilisation occidentale, les intellectuels et « évolués » congolais n'étaient en réalité que des aliénés, une classe des noirs au service des blancs. En effet, ces noirs de peaux et acculturés blancs commencèrent à leur tour à infliger des coups à leurs frères qui avaient gardé les valeurs africaines Kongo en les considérant comme inférieurs et donc « non- civilisés ».

Quant aux églises de réveil, contrairement aux églises catholiques et protestantes, elles n'ont pas vraiment donné beaucoup d'importance à l'éducation en RDC. Nées de vent pentecôtiste, elles se sont beaucoup plus penchées sur la dimension spirituelle et ont basé leur doctrine sur « le retour de Jésus Christ ». En fait, c'est à la suite de l'interprétation ambiguë faute de la connaissance herméneutique ou carrément par volonté de tordre les écrits de la bibliques pour des intérêts mesquins que des générations de Congolais ont été plongées dans un abrutissement collectif hors norme. Car, comment expliquer qu'un même verset qui se trouve aussi dans la même bible de ceux des pays développés n'a pas empêché leurs populations jadis chrétiennes à avoir une vision pour leurs nations, à les bâtir et à travailler en amont pour des générations futures. En RDC, l'imminence de ce « retour de Jésus Christ » et la peur de l'enfer tels que prêchés par certains gourous de la religion ont désarmé le peuple. Par le souci d'aller au paradis et par peur de l'enfer, les fidèles, pris en sandwich, ont relégué au second plan les éléments essentiels de l'épanouissement individuel et du développement de leur nation pour se jeter dans des prières excessives. Ils oublient que ce même Dieu lui-même a recommandé à l'homme, selon les écrits bibliques du livre de Genèse, de cultiver la terre et de la garder. En attendant cet imminent retour du Messie, leurs gourous se construisent des grandes villas et réussissent à avoir des chariots automobiles de luxes et envoient leurs enfants étudiés dans des prestigieuses écoles du pays et de l'occident. Malheureusement, tout cela se passe sous la barbe de l'État qui est censée réguler et ordonner la société par son autorité comme le Léviathan, ce monstre irrésistible représenté dans cette même bible par ce fameux personnage biblique Job dont l'histoire a inspiré le philosophe Thomas Hobbes dans sa théorie de l'organisation de pouvoir d'État.

En résumé, il faut admettre sans nul doute que la religion a contribué dans la formation de l'État et dans l'unité de la République démocratique du Congo. Car, grâce à elle et par la présence de leurs lieux de rassemblements à travers le territoire national, différents peuples de différentes ethnies ont régulièrement trouvé le motif de se retrouver ensemble et de former un seul bloc. Par les réseaux d'éducations des églises catholiques et protestantes, une élite intellectuelle a assuré une participation respectable des Congolais à « la table ronde » de Bruxelles pour l'indépendance du pays. Ils ont permis un fonctionnement de façon plus ou moins cohérente de la jeune République des années soixante. Ce sont leurs réseaux d'éducation qui ont entretenus et produits des élites intellectuelles pendant ces dernières décennies minées par des crises multiformes que traverse ce pays. En effet, les Eglises catholiques et protestantes ont accompagné par leurs sagesses et expertises les processus de hautes portées politiques en RDC. Les assises de la table ronde de Bruxelles pour son accession à la souveraineté nationale et internationale, le processus de la démocratisation de ce pays avec la conférence nationale souveraine de début des années quatre-vingt-dix qui se solda par l'élection en plénière du célèbre opposant Etienne Tshisekedi Wa Mulumba. Et, tout récemment en 2018, ils ont encore été à la manœuvre avec le dialogue de la Conférence Episcopale Nationale du Congo qui a généré l'accord de la Saint Sylvestre qui se trouve être le berceau d'une première passation de pouvoir qualifiée de « civilisée » entre un président sortant et un entrant en Janvier 2019. Quant aux églises de réveil, elles ont su maintenir un degré d'espérance dans les populations particulièrement durant des moments de crises économiques des années quatre-vingt et quatre-vingt-dix. Par leurs sermons, les communautés de réveil ont réussi à cimenter un certain degré de fraternité en Christ entre Congolais autour des valeurs intrinsèques de la bible. En effet, cet état d'esprit a su développer une union chrétienne et a répandu l'assistanat comme l'une de ces valeurs incontournables parmi les nombreux croyants, soulageant tant soit peu des citoyens en difficultés. Malheureusement, cet assistanat s'est établi comme toute une Mentalité faute d'enseignants qui encouragent les croyants au travail, à la dignité et à l'indépendance. En effet, leurs sermons ont souvent donné l'impression que le bonheur sur terre est incompatible à la notion de la « vie éternelle ». Est-ce qu'en attendant d'aller au paradis, on ne peut pas chercher l'excellence par les études, les formations dans différents domaines, métiers et innovations et contribuer au développement de son pays ? « Un peu d'assoupissement, un peu croiser les mains pour dormir et la pauvreté te surprendra, comme un rôdeur… » écrivait le roi Salomon dans la bible. En réalité, leur américanisation du gospel n'a su profiter qu'aux leaders des assemblées et non aux fidèles dans ce pays. Et pourtant, aucun des apôtres de la bible ne s'est enrichi grâce à son apostolat. Dans cette américanisation aveugle de l'évangile où tout tourne autour d'argent, les assemblées sont gérées comme de propriétés privées où les visionnaires sont les seuls patrons qui contrôlent les entrées et les sorties des fonds sans généralement rendre compte à personne. Au fait, que gagne vraiment l'Etat Congolais dans le fonctionnement des églises de réveil et ou quel devrait être son rôle dans l'organisation de ces structures officiellement sans but lucratif mais qui amassent et brassent de millions de dollars Américains chaque année ? Est-ce par incompétence ou par ignorance ou simplement par une volonté de laisser faire que l'Etat

Congolais apparemment refuse de voir cette réalité qui reflète une mauvaise image de la nation ? Quel dividende politique intéressant que les hommes politiques Congolais récupèrent dans ce business honteux, par sa manière de faire, au point de refuser de voir et de normaliser carrément toutes leurs bévues ? En effet, le réveil, c'est le fait d'éclairer la conscience. Cependant, ce qui est constaté dans la façon de fonctionner de plusieurs, c'est justement le contraire à la loi et à l'éthique. Ainsi donc, culturellement parlant, la République a le devoir de préserver ces religions originaires Kongo et de les promouvoir en « patrimoine national » car elles sont les gardiens des mœurs, de traditions et de la culture Congolaise. Elles devraient dans une certaine mesure recevoir des subventions de l'Etat pour les aider à résister face aux puissantes religions importées. En effet, comme éléments de transmissions de traditions, mœurs et cultures Kongo, ces religions endogènes jouent un rôle majeur dans la guerre des civilisations. Il est donc crucial que l'Etat Congolais ait un œil en permanence dans ce domaine particulier s'il veut garder la civilisation africaine vivante. En vérité, la religion peut être utilisée dans sa dimension philosophique de contrôle de la pensée pour faire avancer des agenda politiques qui vont dans le sens de bien-être commun. Pourvu que l'Etat ait un regard plus responsable et que les hommes de la religion soient eux aussi des patriotes. Car, si pendant longtemps ils ont réussi à transformer l'homme Congolais en mal, ils peuvent se servir du même outil (enseignements religieux) pour participer au Changement de Mentalité qui fera avancer ce pays. La RDC a besoin des prêtres, des pasteurs, des évangélistes et des voyants patriotes pour sa transformation. Il suffit juste de trouver un moyen pour une coexistence plus équilibrée entre la religion et la culture Congolaise authentique.

Partie 4

La Perception à la Congolaise

En effet, souffrant de la myopie collective, cette incapacité de percevoir les objets de loin, la RDC a tout d'un bateau à voile déchiré, incapable d'utiliser le vent pour prendre la bonne direction.

Lorsqu'on parle de Changement de Mentalité, on fait allusion aux mouvements permanents et aux différentes directions que peut prendre celle-ci. La Mentalité se forme et peut donc être déformée ou transformée et ce, autant de fois que cela paraît nécessaire. De cette approche, on peut comprendre que la façon d'appréhender l'être et l'environnement constitue un élément crucial dans tout processus de Changement de Mentalité. Dit autrement, si l'on veut comprendre la Mentalité d'un peuple, il suffirait de chercher à discerner les éléments qui influencent la Perception de la majorité d'entre eux pour ainsi trouver la réponse à l'énigme. En fait, l'être humain n'est nécessairement ni celui qu'il est convaincu d'être ou celui que l'autre croit qu'il est, puisque tout dépend de l'interprétation de la vision de soi par rapport à l'angle de vue qui est utilisé. Cet élément est très déterminant dans la compréhension de la Perception collective d'un peuple car en même temps, il a un impact significatif sur la Mentalité collective. Or, la Perception contient beaucoup de subtilités. Lorsqu'on perçoit par la grande porte de la vue, on a l'impression que l'existence ne se limite qu'au seul champ visuel et par conséquent, on est souvent tenté d'en faire la seule réalité susceptible de définir tous les contours de la chose. Pourtant, cela n'est qu'une infime partie de la réalité vraie qui se cache derrière ce voile de préjugés qu'on est censé déchirer ; pour élargir un champ habituellement inexploré de la perception. Pour ainsi dire, on ne peut plus claire : aussi longtemps que l'homme Congolais ne se contentera que de ce que ses cinq sens perçoivent, il continuera à vivre en subissant les effets des Changements négatifs qui résultent des éléments d'une Perception truquée lui étant présentée par des gens à l'intelligence obscurcie. Le Congolais doit apprendre à percevoir au-delà de tout ce qu'il a vu pendant toutes les années sombres de son histoire : des années de guerres imposées d'ailleurs, sous différentes formes de dictatures et de mauvaise gouvernance qui ont caractérisé différents régimes. Il est temps de chercher à voir bien au-delà de cette montagne créée par les immondices d'un passé qui lui impose sa vision. En d'autres termes, le peuple doit parvenir à percevoir par la fenêtre des résidus du ''bonheur'' qu'a connu ce grand pays depuis toujours à la suite des sacrifices de ses dignes filles et fils. Pour ainsi vivre, par toutes ces énergies positives que dégage encore sa jeunesse, quoique, abandonnée à elle-même, un pays plus beau et plus prospère. Malheureusement, la plupart des Congolais ont fini par mordre à l'hameçon leur étant jeté par les autres, via des discours savamment conçus et sournoisement distillés dans leur Perception collective. Ils se sont finalement enfermés dans cette boîte à penser qui leur a été imposée. Les Congolais ont tacitement fini par intégrer qu'ils ne valent pas grand-chose et qu'ils ne connaissent que la musique, la bière et les femmes. Pourtant, comme dans toutes les civilisations, y compris chez les peuples barbares, la musique a toujours joué un rôle capital dans l'acculturation des peuples. Dans la culture Congolaise, depuis la nuit des temps, la musique a toujours été un outil permettant l'expression de l'âme dans chaque occasion et circonstance. C'est donc là un instrument puissant que possèdent les Congolais. En réalité, ceux qui les accusent de trop aimer la musique sont, comme tout africain, autant amoureux de la musique qu'eux. Mais seulement, celle de la RDC a plutôt été pendant longtemps la musique far d'Afrique avec des stars internationalement reconnues qui ont su porter très haut son étendard telles que Franco Luambo Makiadi, Tabu Ley Rochereau, Abeti Masikini, Papa Wemba et Koffi Olomide. La liste n'est pas exhaustive. C'est donc une aberration et un grossier mensonge que d'accuser ce peuple qui a su brillamment représenter par sa culture celle de toute l'Afrique. Avec plus de lucidité, on peut comprendre que tout cela arrive dans le but subliminal de séparer les Congolais de sa musique qui pourrait constituer une arme très efficace pour sa transformation, si seulement ils parvenaient à l'utiliser avec but et objectifs allant dans le sens non seulement du divertissement mais aussi de conscientisation, une musique plus engagée.

En effet, la musique a longtemps servi à dévoiler l'état d'âme des Congolais et a joué un rôle clé dans l'élaboration de la Perception collective et de la construction de la Mentalité Congolaise. En fait, en cherchant à mettre les Congolais en déphasage avec sa musique, chose qui s'est révélée pas possible après plus de deux décennies, ces détracteurs ont néanmoins réussi un coup de maître : faire dévaluer le style musical Congolais appelé « la Rumba Congolaise » qui connaît de plus en plus de grandes difficultés dans le marché pour promouvoir par ricochet d'autres styles pour ainsi marginaliser des musiciens Congolais dans les milieux de sa puissante diaspora en Europe qui les perçoivent comme les accompagnateurs des régimes politiques décriés et des influenceurs des mœurs négatives.

Il faut aussi souligner que la notion de Perception collective ne doit pas être perçue comme une apparition spontanée. Ayant des éléments qui peuvent aider à retracer et à analyser son origine, elle est plutôt le résultat d'une « construction ». Ainsi, on peut remarquer que les citoyens vivant dans un même environnement et affectés par les mêmes problèmes sociaux ont cette tendance à concevoir la société de façon plus ou moins identique. En effet, les Congolais qui partagent les mêmes préoccupations sociales liées au mode de vie dans un environnement donné semblent avoir intégré ce dysfonctionnement de la société au niveau de la pensée. Ils doivent arriver à trouver tous ces éléments qui ont participé à la malformation ou déformation de leur Perception collective, les combattre pour permettre l'émergence d'une nouvelle génération qui soit capable de voir au-delà du champ de cette vision imposée.

Les réalités socio-économiques et sécuritaires et la Perception collective

En effet, la situation socio-économique et sécuritaire d'un pays impose une certaine façon de vivre à ses citoyens et donc par extension, une certaine Perception du fait de partager les mêmes conditions au sein d'un même environnement. En RDC, la crise économique, le taux très élevé de chômage et toutes les calamités ont placé la majorité de la population pendant des générations dans une vie de précarité sans pareille. On peut souvent trouver loger dans une parcelle d'une superficie de quatre cents mètres carrés achetée en crédit « fond d'avance » dans les années cinquante contenant quelques maisons en constructions de fortunes loger enfants, petits-enfants et arrières petits-enfants et ce, sans compter des locataires, quitte à collecter quelques dizaines des dollars américains, question de survie.

Le Leadership et la Perception collective

La vision est contagieuse. Il suffit de bien l'expliquer pour convaincre. Elle est l'un des outils les plus puissants pour toute personne aspirant à un leadership fort. En effet, dans ce domaine particulier de la perception, un leadership visionnaire est essentiel pour le développement d'une Perception collective positive et forte. Il faut aussi reconnaître que c'est sous des leaderships éclairés et visionnaires que l'homme a pu explorer l'espace et marcher sur la lune. En effet, un leadership fort réveille les énergies dans ceux qui sont autour et en crée une synergie pour la transformation positive de l'environnement. Car, lorsqu'un leader est éclairé, il a la capacité de forger, en communiquant sa vision, la Mentalité de ceux qui l'entourent. Ce sont aussi des hommes et des femmes de foi qui croient aux forces invisibles et en la capacité de l'homme en tant qu'entité intégrale à transformer en bien son monde. Cependant pour certains, ils rêvent tellement grand que leurs rêves paraissent utopiques devant des incrédules aveuglés par leur petitesse d'esprit. Souvent mal compris, très souvent ignorés et délaissés dans la plupart des cas, ce genre de leaders phénoménaux Congolais tels que Kimbangu, Lumumba et bien d'autres n'ont jamais eu la chance de communiquer librement et de réaliser leurs visions. En effet, un leadership ne se limite pas seulement au rêve de grandeur mais bien plus en ses capacités à créer et/ou mobiliser les énergies à faire travailler pour la matérialisation de sa vision. Dans le cas de la

RDC, il faut admettre que ce pays n'a eu que très peu de leaders qui avaient une vraie vision grandeur nature pour lui et qui ont, en même temps, réussi à rassembler à un certain moment les génies Congolais pour les mettre à profit. Dans ce maigre lot, on trouve Patrice Emery Lumumba qui malheureusement fut assassiné dès le lendemain de l'indépendance du pays. Au fait, s'il fallait être franc, on devrait admettre que les Congolais n'ont pas eu, à exception près, de leaderships à la dimension de leur pays, des leaderships patriotes et dévoués totalement qu'à la RDC sans remplir leurs propres poches. En effet, un leadership visionnaire est celui qui montre la voie à suivre par sa voix et qui s'y applique aussi lui-même par sa marche, un modèle parfait.

En fait, même la jeunesse Congolaise qui est estimée selon certaines statistiques a plus de soixante-dix pourcents de la population du pays et qui constitue de fait le leadership de demain est pourtant déjà usée et abusée pour des fins politiques. Souvent victimes de leaders sans réelle vision ni projet de société et tourné vers leurs ambitions personnelles et égoïstes, les jeunes générations ont copié de leurs mentors une Perception de la vie en deux modes : « l'argent et le moi ». En effet, l'argent est un dangereux outil qui peut affecter, par sa puissance, la Perception de l'individu lorsqu'il est présenté comme une valeur absolue. Même si personne ne peut en nier l'importance, la manière d'acquisition et son utilisation ne devraient pas rendre l'homme esclave au point d'hypothéquer et de vendre sa dignité en acceptant l'inacceptable. Malheureusement, les jeunes Congolais sont souvent prêts à tout pour s'en procurer. Ceci traduit une vision de la vie qui se résume sur les billets de banque et un égoïsme caractérisé. Le pire dans tout cela, c'est la perpétuation de ce cercle vicieux qu'on aura du mal à briser. Car lorsqu'on reste longtemps dans l'obscurité, les rétines des yeux développent une vision par défaut adaptée de l'environnement, qu'elles traitent en nouvelle normalité oculaire à une certaine mesure. Comme pour dire, la façon dont le modelage se présente actuellement présage un leadership futur défaillant. Car, lorsque le défaut c'est le moule, on ne peut pas s'attendre à en ressortir un objet ayant une forme corrigée. Il faut réparer ce moule ou, à défaut, en choisir un autre.

Les Élites et la Mentalité de gain facile

Le corps n'a d'yeux qu'au niveau de la tête et, c'est aussi là que tous les autres organes (sauf les mains) sensoriels se retrouvent curieusement. C'est comme pour dire que la responsabilité en termes de Mentalité repose sur le leadership des élites d'un peuple. Car, ce sont eux qui sont censés voir pour ensuite montrer le chemin. Lorsqu'un chien conduit un aveugle et que ce dernier se retrouve dans un ravin, la grande responsabilité repose sur ce chien car l'aveuglement de celui le dédouane d'office. La Mentalité d'un peuple dépend en grande partie de la Perception du leadership qui le conduit. En fait, la Mentalité Congolaise, comme d'ailleurs celle de beaucoup d'autres africains, n'est qu'une conséquence de la défaillance de Perception des différents leaders de son pays à divers niveaux. Car, comment comprendre que dans un pays où les terres arables sont comptées à plusieurs millions d'hectares, les dirigeants n'aient pas un regard prioritaire sur l'agriculture ? Personne n'a jusque-là perçu que grâce à l'agriculture la RDC peut jouer un rôle majeur dans d'autres domaines de la vie ou encore, comment expliquer que ce pays regorge de fleuves et de cours d'eaux et que la population, dans sa grande majorité, ne soit pas capable d'avoir de l'eau potable et qu'elle continue comme au moyen âge à boire l'eau non traitée ? qu'on cherche à importer des poissons d'autres pays et que les questions relatives à l'électricité restent un casse-tête national ? Personne ne sait voir une RDC dont toutes les villes et tous les villages sont éclairés sachant que l'électricité est une pièce maîtresse pour le développement d'un pays.

En fait, lorsqu'on parle de la perception, on doit savoir que la question de l'attention est d'une importance majeure car elle détermine le champ visuel et limite la capacité de projection de la personne qui voit. La Mentalité de gain immédiat naît souvent de la limitation de capacités perceptives dans le leadership. En effet, lorsque le champ visuel est très rétréci, on a tendance à opter pour les investissements à court terme, une Mentalité de « ici et maintenant ». Une nation est bâtie sur les bases d'éternité. On la construit de façon à survivre le plus longtemps possible. En d'autres termes, les architectes des nations doivent avoir dans leur vision les générations futures. On essaie d'anticiper les problèmes à venir par des réformes et par l'observation de la façon de faire présentement pour éviter les drames dans le futur. Un leadership prévoyant et prêt à se sacrifier pour que le bien-être à venir soit le meilleur possible.

Il n'y a pas de résultat sans sacrifice, dit-on. C'est de cet état d'esprit que la grandeur d'une nation se bâtit. En effet, la Mentalité de gain facile conduit à des pratiques hors la loi et dans l'immoralité. Quand bien même ceci n'est pas propre à la République démocratique du Congo, cette Mentalité est plus répandue dans la sphère des élites politiques, scientifiques, militaires, ecclésiales et autres. C'est une Mentalité qui s'est construite durant la deuxième République et qui a pris des racines avec les régimes qui se sont succédé s'est enfin installé pratiquement en norme sociétale de sorte que tous ne rêvent que ça. Elle est devenue le moyen le plus court d'accès aux besoins. En fait, le plus grand danger dans cette manière de faire, c'est sa ramification dans le petit peuple et surtout dans la jeunesse de ce pays qui voit en cette façon de faire un modèle à suivre. En effet, lorsqu'on dit l'exemple vient d'en haut, cela inclut les bons comme les mauvais exemples. En RDC, les élites ont fait le choix du raccourci et involontairement, le petit peuple est attiré par cette façon-là de faire les choses. La voie des salaires et avantages rocambolesques pour les politiciens, des carrées miniers pour certains haut gradés de l'armée, les pots de vins pour des hommes de la science par leurs étudiants et voire les donations insoupçonnables pour les hommes des églises sont là des pratiques qui dévaluent le travail de sa fonction première d'effort et de gratification et qui creusent un fossé 'infranchissable' entre les leaders et le reste de la population qui désormais est poussé à croire en Dieu, à la magie ou au facteur chance. Or la chance est un sédatif qui endort la jeunesse et qui place de facto la nation entière dans un état comateux avec conséquences incalculables dans l'avenir. En effet, le facteur chance ne doit pas faire partie des données à intégrer lorsqu'il faut faire des prévisions pour l'avenir d'une personne ou d'une nation. Lorsqu'on n'est pas rationnel et factuel dans la vie, les probabilités de réussir sont extrêmement faibles. Une vie bâtie sur la simple idée qu'un jour la chance sourira et qu'on s'en sortira finit par plonger l'homme dans la culture de la mendicité. Une culture qui est très répandue en RDC. Les montagnes proviennent de la terre, les grattes ciel aussi. La vie ne tombe pas du ciel, elle se construit. Voilà la Mentalité !

Mentalité de gain facile dans l'imaginaire collectif

S'il y a dans l'histoire de la RDC des choses qui ont impacté très négativement son avenir, c'est cette Mentalité de gain facile hérité de la deuxième république du Zaïre de Mobutu avec sa classe dirigeante. Un état d'esprit qui s'est répandu sur toutes les élites de la République avec un grand effet secondaire dans la jeunesse et dans l'imaginaire collectif du reste de la population dans sa grande majorité. En effet, le président Mobutu ne fut pas seulement un président fondateur mais aussi un président 'créateur'. Par sa seule volonté, certains illettrés pouvaient devenir intouchables et excessivement riches. Les commissaires d'État et du peuple, les officiers supérieurs de l'armée et hauts responsables des services étaient pour la plupart devenus des barons du régime. Leurs fonctions leur donnaient des privilèges qui leur permettaient de s'enrichir de façon illicite et immorale. Ainsi, le prototype fut révélé : être du côté du chef pour tout se permettre. En effet, tout le monde voyait à quelle vitesse anormale les élites augmentaient leur niveau de vie. C'est à partir de là que la Mentalité de gagner sans réel effort ou même sans aucun effort s'est propagée dans tout le peuple.

Tenez! Il suffisait d'avoir une chaise et une petite table dans une administration pour gagner de l'argent et sa vie même sans un salaire à la fin du mois. C'est comme ça qu'on retrouvait des fonctionnaires continuant d'aller au travail sans être payés pendant plus de soixante mois. En effet, si chacun peut trouver son compte dans le système tel que bâti, pourquoi donc changer ? Les étudiants et les élèves veulent des points faciles, les mamans maraîchères veulent les récoltes faciles, les médecins de même, les sentinelles, les gardes-frontières, les militaires et soldats, les prêtres et pasteurs, tous ont développé des mécanismes pour gagner leurs vies sans réels sacrifices, avec le moindre effort ou sans aucun effort du tout. En effet, lorsqu'on parvient au résultat sans sacrifice, c'est que la loi a été enfreinte quelque part ou c'est tout simplement un miracle, un élément à exclure si l'on veut garder la cohérence de la pensée et rester scientifique. En effet, lorsque sous d'autres cieux, on cherche à retracer l'argent déposé dans tout compte bancaire, on se plaint en RDC de la dévaluation ou la dépréciation de la monnaie locale car on ne sait pas contrôler la provenance de l'argent et de la masse monétaire en circulation. Dans un pays où la pauvreté est presque généralisée, on y vend des petites parcelles à des prix ne reflétant pas le pouvoir d'achat de la population, des maisons qui coûtent en moyenne deux cents milles dollars américains dans des quartiers manquant d'infrastructures de base, d'électricité et d'eau potable sans compter l'insécurité. En fait, lorsque l'origine d'argent ou de fortune ne peut pas être remise en question, on est dans un État sans loi et faible. Beaucoup des fortunés au Congo ne sont jamais en mesure de justifier l'acquisition de leurs richesses. Ceci peut constituer un sérieux indice qui montre que les moyens d'acquisition n'ont pas été propres. Qu'à cela ne tienne. Seulement, le grand souci dans tout ça est que personne n'a ni le droit de leur poser de question, ni même le droit de se poser la question. On est dans une acceptation collective de fait accompli.

L'autre dimension de l'enrichissement illicite dans ce pays, c'est l'octroi des salaires immoraux. En effet, dans un pays où le chômage et la pauvreté sont palpables, il est inconcevable qu'une certaine classe des fonctionnaires politiques de l'État perçoive des milliers de dollars américains comme rémunération mensuelle sans compter d'autres avantages sociaux liés à leurs fonctions. Quelle aubaine ! Mais, c'est une grâce honteuse pour cette élite qui s'enrichit en utilisant la loi, une loi immorale qui est conçue par une certaine élite pour elle-même. En réalité dans les faits, ces lois-là légalisent le vol, le détournement des deniers publics tout simplement. Et, on paraît choqué lorsque certains taxent ce pays de république bananière. En fait, par cette façon immorale de se conduire, les élites de ce pays démontrent leur état d'esprit rempli de méchancetés et exposent leur irresponsabilité dans la conduite des affaires de la cité. Face à l'argent, très peu gardent leur stature d'homme d'État.

D'ailleurs, on ne peut pas parler de la Perception sans pour autant évoquer la notion de l'imaginaire collectif qui est un ensemble des coutumes, des traditions et des symboles qui sont d'une manière générale interprétés systématiquement par les gens appartenant à un même groupe d'individus ou une communauté. En d'autres termes, c'est une représentation intégrée de soi et de l'environnement dans un cadre communautaire qui affecte le présent et le futur de l'individu ou d'un groupe d'individus. Tout ceci est donc facteur de plusieurs autres éléments y compris la mémoire, les concepts, les symboles, l'imagination et bien d'autres. L'imagination ou le fait de voir au-delà ou en deçà de ce qui se présente ou du concret, est l'un des outils majeurs et un déterminant puissant dans la construction de l'imaginaire individuel et collectif. Malheureusement la plupart des Congolais, surtout ceux qui vivent dans les réseaux citadins, ont dans leur imagination collective perdu la capacité de penser positivement pour leurs propres vies et leur pays qu'ils se représentent dorénavant comme un lieu de tourment. Un pays qui est pourtant vu des occidentaux, chinois et indiens comme un eldorado et un vrai paradis sur terre. En fait, les réalités de leurs vies quotidiennes ont absorbé leurs capacités d'interprétation de l'abstrait, de sorte qu'on a l'impression que plus personne ne perçoit par la fenêtre de l'invisible la possibilité d'une vie meilleure ou tout simplement digne. La RDC a tout d'un pays frappé de cécité généralisée comme par enchantement. Trahis par l'évidence, la majorité des Congolais n'ont plus ni foi en eux-mêmes ni en leur pays de sorte que tout le passé glorieux de ce géant du monde paraît avoir été effacé de leur mémoire collective pour n'être remplacé que par une accumulation de gaffes à répétition, de scandales sans fin et surtout de mégestion caractérisée des ressources de ce pays par les plus malins et les plus forts. En fait, l'histoire ne change pas et personne n'a le droit de la changer. Cependant, on peut faire le choix de ce que l'on veut promouvoir. En RDC, les faits historiques d'envergures susceptibles de tonifier ce peuple sont curieusement relégués et ou placés dans les oubliettes. Il suffit de regarder que sont devenus les symboles de grandeurs de ce pays pour mieux comprendre. Les sacrés sont désacralisés, des lieux mythiques et des personnes légendaires sont traités avec légèreté, des tombes sont profanées et des cimetières vandalisés et sont devenus des lieux d'habitations de fortunes pour qui veut. A la place de vanter leurs héros, leurs légendes, leur savoir et leur intelligence, on observe plutôt des dérapages comportementaux et de langages. Avec l'apparition de concepts creux et vides de sens véhiculant des messages subliminaux allant dans le sens de promouvoir les antivaleurs liées à la corruption, à la débauche, au viol, au vol, au banditisme, à la paresse et à tous ces autres vices qui n'enrichissent ni l'homme ni la société ; démontrant la dimension tordue de l'imaginaire collectif de tout un peuple qui expose ses insuffisances au grand jour. Les coutumes anéanties, les faits historiques ignorés à dessein, la culture amoindrie et l'esprit créatif ou le génie Congolais menotté et donc, l'imaginaire collectif de tout un peuple emprisonné.

La visualisation impossible

Il n'y a pas pire pour un peuple que de lui rafler son droit d'espérer, l'espérance à un lendemain meilleur. Pendant longtemps, les Congolais ont en général navigué à vue faute d'une vision lointaine endommagée par un manque de politique de développement plus élaborée dans la grande structure sociétale. La plupart de ceux qui ont réussi sont passés par la politique, un monde de malversations et de corruptions avérées qui s'est constitué en voile d'opacité de tout un peuple, surtout de sa jeunesse. En effet, souffrant de la myopie collective, cette incapacité de percevoir les objets de loin, la RDC a tout d'un bateau à voile déchiré incapable d'utiliser le vent pour prendre la bonne direction et dont le « capitaine » ne sait où il va. Tout ce qu'on semble savoir, c'est où l'on est. Car le passé, même le plus récent, semble rester trop loin derrière et le futur est trop loin devant donc, imperceptible par ces populations devenues myopes et obligées de ne se contenter que « d'ici et de maintenant », un peu comme des bébés nouveaux nés qui arrêtent de pleurer à la première goutte de lait dans leur bouche, une Mentalité copie conforme de celle des gens du temps de Noé, ce grand personnage allégorique de livre sacré des juifs et des chrétiens, qui optèrent de vivre comme si le lendemain n'aurait pas lieu. En fait, une vie sans perspective est semblable à toutes ses années passées par un condamné à mort dans sa cellule conscient de sa sentence mais ignorant le jour de son exécution. Ainsi, la majorité des Congolais sont placés dans un environnement psychologique de « l'imminence de la mort », un peu comme des soldats de premières sections qui partent en éclaireur contre une armée ennemie cent fois plus puissante que la leur et dont les chances de survie sont égales à zéro. De telles gens se socialisent avec la mort plutôt qu'avec la vie et se comportent par conséquent comme déjà morts. Et comme tout mort se décompose et pourrisse son environnement, la plupart de ce peuple semblent ne pas avoir d'autres choix que de se comporter de la sorte. En effet, c'est la perspective du lendemain qui donne de la substance et l'utilité à cette notion de Changement de Mentalité. En d'autres termes, du moment où on ne voit rien devant, on se contente de la position actuelle et dans ce cas, le Changement n'a pas lieu d'être car il ne sert plus à rien. Car, convaincus d'être trahis par la société, la majorité des citoyens vivent dans le sauve qui peut où chacun fait ce qu'il peut pourvu d'arriver à vivre à sa manière ce qu'il perçoit comme les derniers instants de sa vie, quitte à baigner dans l'immoralité et dans l'indifférence totale de la loi de sorte que devant l'argent, il prend ce qu'il peut à défaut de tout, sans peur ni remord.

Ainsi, au-delà du champ visuel concret et immédiat, on doit chercher à savoir où l'on va, avoir des repères historiques qui servent de gouvernail et non se laisser emporter par tout vent. Il est très improbable d'arriver à sa destination quand on est commandé par le vent. Si l'on ne parvient pas à contrôler le navire, on risque de finir par périr. En d'autres mots, les Congolais doivent parvenir à tout prix à développer une vision de son lendemain malgré les difficultés que traversent leur pays et ont besoin d'un sursaut patriotique pour y parvenir. Tout devra partir par l'élargissement du champ visuel qui leur permet de percevoir au- delà du sensoriel infecté en vue de concevoir un pays plus beau et plus prospère qui bénéficie à tous.

La Perception des artistes

En effet, l'imagination et la représentation sont les deux domaines d'inspirations importants dans la construction d'une Mentalité collective, des domaines qui nécessitent une vision et un travail pointus d'artistes. Cependant en RDC, on a l'impression que rien n'est fait dans ces domaines pourtant cruciaux. A la place de s'investir pour élargir la Perception collective en vue d'une Mentalité collective transformée des Congolais comme c'est fait sous d'autres cieux par des artistes qui ont naturellement cette capacité de percevoir ce que les communs de mortels ne sont nullement capables, les hommes de l'art Congolais sont dans sa grande majorité devenus « aveugles ». En effet, par son art, l'artiste est un être extraordinaire par essence. Car, il a ce don de percer ce mystérieux monde de l'infini qui contrôle celui des humains et d'en ressortir des idées, des pensées et des œuvres intemporelles pour des mortels. Cependant, la plupart des hommes de l'art en RDC sont devenus trop mondains et surtout matérialistes au point qu'ils sont incapables d'accéder à ces mystères et de révéler aux humains une autre Perception de leur pays, puisque leur vision de la société s'est rétrécie au point de se confondre à celle de communs de Congolais. Ils ne sont plus en mesure de perpétrer les événements marquants de l'histoire de leur pays. Et puisqu'ils fonctionnent en termes de présent et de présent seul, la majorité d'entre eux rendent caduques et jettent dans les oubliettes les événements qui ont une capacité d'étendre la Perception de toute une nation. Si la jeune génération des Congolais peut se retrouver dans cet art aussi simpliste à usage unique, jamais les Congolais soucieux de l'avenir et qui connaissent l'histoire de leur pays ne se laisseront envoûter par cet esprit vulgaire qu'il véhicule, ceux-là dont la mémoire refuse d'oublier les prouesses de ces géants qui se reposent dans la poussière. En effet, si l'art se réduit à une représentation de ce que tous perçoivent déjà, en quoi les artistes le sont-ils vraiment ? Henri Bergson (1911) disait : « l'art sert à nous faire découvrir hors de nous et en nous une foule de choses qui ne frappaient explicitement pas nos sens et notre conscience ». Ces deux dimensions restent à explorer dans le chef de la nouvelle génération d'artistes conscients Congolais. En fait, un artiste ne peut pas courir derrière l'argent et les matériels car l'art, c'est d'abord spirituel quoique sa représentation est matérielle. Ainsi, la vraie richesse de tout vrai artiste n'est autre que son art. Les biens matériels doivent suivre l'art et non le contraire. Malheureusement, les artistes Congolais frappés eux aussi par la conjoncture ont mis l'art au service de l'argent et en sont devenus esclaves. Il suffit d'observer la guerre sans merci des artistes pour le contrôle et la gestion de la Société Congolaise de Droits d'Auteurs pour comprendre à quel point ils ont cessé d'être artistes dans le vrai sens du mot. Voilà pourquoi ils sont tout aussi incapables de reproduire de chansons de la trempe *d'Adios Théthé, Ebale ya Zaire, Ngobila, Etapé, Tala Tina, Jérusalem Mboka ya Sika* ou encore *Yesu Ekimelo na nga* et ou des pièces théâtrales telles que *Mwana Nsusu, Dialo contre Sans Souci* ou *tant d'autres.*

Comprendre la Perception du Congolais de l'Etat

En effet, en observant la manière dont la majorité des Congolais agissent et ou réagissent vis-à-vis de leur propre Etat, on a comme l'impression que pour beaucoup d'entre eux l'Etat n'existe pas. Dans le domaine de circulation routière par exemple ; de l'apprentissage à l'obtention du permis de conduire en passant par la manière dont la circulation est gérée et le nombre des dégâts causés par l'absence de la rigueur de l'Etat dans ce domaine, on n'a le droit de questionner ce que représente l'Etat pour eux. En fait, l'Etat est cette houlette du berger qui peut faire mal aux brebis qui s'égarent pourvu qu'il les remette sur le droit chemin. Dans la société, certains citoyens à Mentalité grégaire doivent subir la rigueur de la loi dans le double but de les ramener dans le droit chemin et de dissuader ceux qui seraient tentés de copier un tel comportement de peur d'être rattrapés par la loi. Or, dans le cas de la RDC, ce principe répandu dans le monde moderne n'est jamais d'application. Disons, presque jamais. Les agents commis au service de l'ordre manifestent leur disponibilité à la corruption et sont parfois impuissants face au clientélisme et au népotisme d'une certaine « hiérarchie », une hiérarchie censée prêcher par l'exemple. Si tous sont vraiment égaux devant la loi, pourquoi donc ces deux poids et deux mesures ? l'Etat paraît indomptable et intraitable lorsqu'il est devant le citoyen lambda mais en même temps il est très amorphe et passif devant ceux de la sphère de la « hiérarchie ». C'est un comportement qui pousse les citoyens à développer une attitude de manque de considération caractérisée vis-à-vis de l'État.

Par ailleurs, l'équilibre exige à ce que l'Etat ne demeure pas que ce Léviathan qui exercerait son autorité par la force de la loi. Il faut que cette autorité fasse désormais partie de la conscience citoyenne et civique. Il est ici question des valeurs inculquées aux citoyens au moyen d'une éducation civique qui introduit dans chacun des images susceptibles d'aider à l'élargissement positif de la Perception de l'État. Car, pour beaucoup, leur Perception de l'État ne se limite que dans ses dimensions juridiques et politiques où il est défini comme étant un ensemble de peuple qui se reconnaît sous l'autorité d'un gouvernement, oubliant sa dimension sociologique où l'État est juste un ensemble de chacun d'eux, le tout. Et pourtant, c'est seulement en intégrant cette dimension que la Perception de chacun des citoyens pourra les amener à fonctionner avec plus de responsabilité sachant que les conséquences découlant de leurs actions auront d'une façon ou d'une autre de l'impact sur leurs propres vies.

Certains, en revanche, ont développé une Mentalité de rebelles estimant qu'ils ne sont en rien redevables à l'État. Souvent, cette sorte de Mentalité se développe lorsque les populations ne se retrouvent pas dans la gestion de la chose publique. En fait, c'est cette forme de marginalisation des populations qui crée un sentiment de rejet et les amène à considérer carrément l'État comme étant un ennemi dont les lois seraient conçues contre elles. Dans le cas de la RDC, la répartition visiblement inéquitable des richesses est l'un des mobiles qui a souvent tordu la Perception de nombreux Congolais contre leur propre Etat. En effet, puisque beaucoup doivent se déchirer pour vivre, disons pour survivre, ils perçoivent dorénavant en toute action du gouvernement, même celles tendant à mettre de l'ordre dans quelques secteurs d'où ils trouvent leur pain quotidien, comme étant de la provocation et donc une barrière les empêchant d'accéder à leur minimum vital et donc une action contre laquelle une résistance s'impose. En effet, lorsqu'un Etat faillit dans ses obligations vis-à-vis de sa population : obligation de leur fournir de l'eau potable, de l'électricité, des soins de santé pour les malades, un salaire décent pour ceux qui travaillent pour lui, des rations et tenues propres pour ses militaires, une assistance digne pour les compatriotes vivant avec handicaps, des écoles et universités ou les jeunes peuvent apprendre dans des conditions minimales de dignités, en quoi ces populations pourraient-elles lui être redevables, puisque le devoir de redevabilité par principe découle d'une relation de causalité ? On ne rend des comptes qu'à celui qui a donné la commission et les ressources qui l'accompagnent.

Et enfin, pour cette autre catégorie composée essentiellement d'une toute petite minorité de ces bénis de la République, le Congo est perçu comme un bœuf d'attelage dont le rôle majeur se limiterait à son exploitation pour des fins personnelles. En effet, contrairement à l'autre, celle-ci reconnaît l'existence de l'État mais comme instrument à son service. Le fait que l'Etat soit une personne non physique qui ne parle et n'agit que par ses représentants et par délégation de pouvoir, ceux de ce fameux cercle restreint perçoivent de façon travestie la république comme étant une propriété privée et ont tendance à faire ce qu'ils veulent, un comportement répugnant qui affecte la Perception collective d'un grand nombre de Congolais, qui s'ils ne sont pas mentalement forts pourraient ne plus identifier ce pays comme étant vraiment le leur.

La République ou une simple Zone de Transition

En effet, tout pousse à croire que la RDC est perçue par la grande majorité de Congolais de toutes les couches comme une sorte de zone de transition, cet environnement où les uns cherchent par tous les moyens à fuir pour aller s'établir ailleurs puisqu'ils ne se retrouvent pas dans la redistribution des richesses. Ce qui explique à une certaine mesure le volume croissant de ceux de sa diaspora qui sont comptés par millions. Cependant, très peu sont ceux qui perçoivent le Changement dans leur esprit et sont prêts à travailler sérieusement pour cela. En effet, lorsqu'un Congolais quitte son pays pour quelques raisons que ce puissent être, il ne revient généralement que pour le visiter et non pour s'y réinstaller. D'où, l'épineuse question des déplacés internes, de l'exode rural et l'émigration dans la République. En effet, en République démocratique du Congo, être villageois s'apparente à une insulte dans l'entendement de ceux qui habitent dans la capitale Kinshasa en particulier. Tandis que ceux qui sont restés vivre au pays sont vus et considérés par leurs compatriotes de la diaspora, spécialement celle de l'Europe et de l'Amérique, comme très inférieurs à eux. En effet, quitter un environnement pour un autre est perçu par des Congolais comme une « promotion sociale ». Ce qui fait de la question des déplacés internes, de l'exode rural et l'émigration un enjeu de taille dans leur conception de l'État. Au fait, à la recherche du bien-être, la plupart des Congolais se sont retrouvés dans une sorte d'errance forcée à la quête d'un milieu qui réponde à leur vision de la vie normale. Ainsi, beaucoup quittent pour un aller simple sans perspective de retour. En fait, combien de ceux qui partent songent à retourner dans leur milieu d'origine même après avoir trouvé ce bien-être tant convoité et, ou bien, pourquoi rentreraient-ils si rien n'a changé après eux dans leur milieu d'origine ? Ce sont là des questions légitimes qui devront être posées. Et s'il fallait pousser le bouchon un peu plus loin, est-ce aussi raisonnable de se poser la question à savoir s'il était normal pour eux d'attendre que le Changement ait lieu dans leur environnement de départ, ou devraient-ils rentrer et se constituer en acteurs de Changement ? De ce fait, combien de dignitaires de différents régimes ayant bénéficié de la générosité « arbitraire » de la république ont pu songer à investir dans leurs milieux ruraux, ne serait-ce que pour contribuer au bien-être de ceux avec qui ils ont jadis partagé leurs souffrances.

En effet, les êtres humains ont, à la différence des animaux, la capacité d'organiser rationnellement leur société. Ainsi, les hommes peuvent non seulement consommer mais surtout produire et transformer et conserver leurs productions. Cependant, lorsqu'ils n'ont pas la capacité de le faire dans leurs lieux d'origines, ils seront en constant mouvement jusqu'à ce qu'ils en trouvent un. Rester ou quitter un lieu dépend de centre d'intérêt que cet environnement propose. Les milieux ruraux de la RDC n'ont jusque-là pas fourni à ses habitants des alibis valables d'y rester et pourtant, le climat, les terres et la nature en général leur ont toujours été favorables. Et, puisque ce pays ne peut jusque-là pas offrir à sa population ce dont elle a droit, celle-ci ira le chercher ailleurs en commençant par les pays limitrophes en route vers un lieu meilleur d'où ils deviennent la risée de peuples et de gouvernements des pays d'accueil, qui souvent les chassent comme des parasites, parce que différents gouvernements n'ont pas su mettre en place un projet sérieux de développement rural pouvant maintenir les populations dans leurs terroirs. De village en ville et de ville à l'étranger, voilà le rêve et la vision de la jeunesse Congolaise. Ce qui pousse à l'argument que les Congolais en général perçoivent leur pays comme une Zone de Transition, un environnement de passage ou l'on se retrouve en attendant qu'une issue puisse être trouvée pour le quitter. En effet, personne ne pense y rester en permanence peu importe qu'on soit compté parmi les marginalisés d'Etat ou les bénis de la république. Car, les premiers ont développé une Mentalité d'immigrés. Tout en étant dans leur propre pays, ils se considèrent et se comportent en étranger dans cette partie de la terre qui pourtant est un Eldorado pour les autres, faute d'accès aux essentiels vitaux et du fait de se trouver dans une sorte d'insécurité permanente dans tous les domaines. Quant aux "bénis" de la République, un comportement similaire s'observe. Pour la plupart, leurs familles et leurs enfants sont éparpillés dans les capitales occidentales et en Afrique du Sud faute d'infrastructures adéquates et de la sécurité manquante en République démocratique du Congo, choses qu'ils sont pourtant censés instaurer. En réalité, cette attitude démontre que ces gens- là n'ont pas le Congo dans leur âme, ce pays n'est pas leur patrie mais plutôt un lieu de travail, une mine d'or où l'on ne s'y retrouve que pour des raisons avouées d'enrichissement, une Mentalité de colonisateurs.

La Diaspora Congolaise et son Paternalisme

Les Congolais de la diaspora issues des familles modestes sont un grand soutien pour ceux restés au pays. Ils contribuent à la scolarisation, aux soins de santé, même aux enterrements de membres de leurs familles et à tous les autres besoins élémentaires et essentiels des leurs au point de s'oublier quelquefois eux- mêmes. Une attitude louable et salvatrice surtout quand on connaît le degré de pauvreté qui règne dans ce pays. Cependant, cette attitude a développé une sorte de paternalisme dans le mental de ceux de la diaspora qui croyant bien faire finissent par en faire de trop et rendent paresseux leurs familles restées au pays. Lesquelles finissent à leur tour par développer sans le vouloir une Mentalité mercantile, un peu comme des enfants qui dépendent de leurs parents qui doivent tout faire pour eux. Il est vrai que la fibre bantoue et son côté fort humaniste font de l'assistance à l'autre et surtout à ceux de sa famille, une obligation et une loi naturelle. Cependant, dans le contexte ici évoqué, on peut comprendre la pression que subissent ces Congolais vivant à l'extérieur pour satisfaire les besoins vitaux des leurs restés au pays. La plupart n'ont pas le temps de s'intégrer correctement dans la société d'accueil, sans formation adéquate, pas de travail équivalent, beaucoup font carrière dans de petits boulots quelquefois trop physiques qui leur détruisent le corps à petit feu et qui finissent par les rendre inaptes. Comme des enfants à la mamelle, moins sont ceux qui se rendent compte des souffrances qu'endurent leurs frères et sœurs de la diaspora et qui cherchent leur propre indépendance financière pour leur permettre de se reposer. En effet, l'assistanat est utile pour un moment et surtout dans un contexte économique tel que celui de la RDC. Cependant, on ne doit pas s'accommoder à une vie de dépendance prolongée. Il faudra que ceux qui assistent le fassent dans le but de créer une indépendance dans le chef de ceux qui sont assistés et s'enlever de l'esprit l'idée que sans eux ils ne pourront jamais s'en sortir. Car de même qu'aucun parent n'aimerait voir son bébé nouveau-né resté sous sa totale dépendance dans la durée, il faut que ces congolais de la diaspora développent des voies et moyens pour aider leurs familles restées au pays à devenir indépendantes plutôt qu'à les maintenir éternellement sous leurs tutelles. Car, ce paternalisme n'aidera ni les uns ni les autres. Et pourtant avec la nouvelle technologie et la propension de la connexion internet dans les pays d'origines, beaucoup d'immigrés ont réussi à désillusionner leurs parents restés dans le continent sur cet El Dorado déchu en leur faisant comprendre, preuve à l'appui, les réalités de leurs vies en occident. Habillements corrects et sobres, ils ne sont pas dans l'extravagance vestimentaire. Les Congolais de la diaspora sont à la recherche d'une opulence dégradante et vivent dans un impressionnisme d'un autre âge. C'est justement ce « m'as- tu vu » vis-à-vis de leurs propres familles qui les place dans un paternalisme éternel.

En résumé, tous ces dysfonctionnements dans la société Congolaise ont eu un impact terrible au niveau de la pensée. Beaucoup souffrent d'un sérieux problème dans leur Perception collective. Le champ visuel affecté par les conditions socio- économiques et sécuritaires que traversent le pays depuis des décennies n'a pas été de nature à agrandir leur vision au-delà des misères qui les entourent. Aussi, par manque de leadership éclairé, ce pays dont le destin fut prématurément assassiné avec l'élimination physique de Patrice Émery Lumumba n'a pas su retrouver le chemin d'un bonheur à la dimension de sa grandeur et a été pendant longtemps abandonné entre les mains d'une élite égoïste au service de ses prédateurs, une élite sans perspective. En effet, sortie de l'école de l'opulence de la deuxième république de Maréchal président fondateur et de sa cohorte, cette élite a fait le choix de gain facile comme Mentalité d'accès au bonheur. En course pour s'amasser les richesses sans trop d'effort ou sans aucun effort du tout, elle a drainé avec elle toute la jeunesse complexée qui ne croit plus au « travail » comme élément essentiel pour une vie digne. Elle s'est plongée dans des façons indignes de gagner de l'argent. Or, on ne peut pas prétendre gagner de l'argent facilement sans enfreindre la loi d'une façon ou d'une autre. En fait, lorsque le défaut est dans le moule, le reste n'est qu'une conséquence logique. Imaginaire collectif affecté et frappé de la myopie généralisée, cette jeunesse sans perspective ne croit plus ni à la République qui est supposée lui offrir des opportunités ni à elle-même. Et, le pire dans tout ça est que c'est cette même jeunesse qui devra diriger ce pays dans les trente années à venir. Ce qui est une condamnation à mort de facto d'un pays aussi riche et grand mais rempli d'incrédules car plus personne ne croit personne. En effet, les terres bénies de cette République ressemblent à un enfer et ceux qui y habitent ne le sont que pour des raisons évidentes de manque de moyen de le quitter. Faisant de ce pays une zone de transition pour ces propres filles et fils qui se comportent dorénavant comme des immigrés dans leur propre pays. Et, même ceux de la diaspora « intégrés » dans leurs pays d'accueils où ils respectent scrupuleusement leurs lois deviennent incapables et hors la loi dès lors qu'ils ont franchi les postes frontaliers de la RDC. En fait, c'est comme si la loi, c'est « l'absence des lois ». Chacun a tendance à faire ce qu'il veut, un peu comme dans la jungle. Pour certain, l'Etat n'existe pas. Par conséquent, ils sont dans un état d'esprit où « tout est permis ». Tandis que d'autres sont dans la rébellion car ils perçoivent l'Etat comme leur ennemi. Enfin, il y a cette autre dernière catégorie de « fils gâtés » de la République qui perçoivent l'État comme une vache à lait où l'on tire tout simplement profit. Ainsi, de village en ville et de ville à l'étranger, voilà ce que résume l'idée d'une vie meilleure pour les Congolais en général. Même ceux qui ont réussi à retrouver le vieux continent et le nouveau monde n'ont pas été capables jusque-là de ramener la solution miracle. Bien au contraire, la diaspora soucieuse d'apporter un peu de réconfort pour soulager tant soit peu les leur restés dans la misère indescriptible se sont vu piégé dans un paternalisme qui maintient sous leurs tutelles des frères et sœurs qui pourtant peuvent travailler pour vivre en toute indépendance et dans la dignité humaine. Ainsi, il est donc clair que les Congolais doivent d'abord chercher à fixer ce géant problème de Perception collective avant de penser avancer car toute persistance de continuer de naviguer dans les conditions actuelles met en mal l'avenir des futures générations de ce pays. En réalité, ce défaut de Perception a foncièrement affecté les élites du pays qui se comportent dorénavant en vrais malvoyants incapables de se rendre compte que son leadership actuel a moins de chance de réussir, peu importe la volonté et les efforts, car il est dans la mauvaise direction faute de vision claire.

Partie 5

Le vrai chantier

Ce Changement-là, c'est donc un vrai « challenge » et non le moindres parce qu'il s'agit de trouver des modèle-types dans chaque domaine de la vie sociétale pour servir de patrons afin d'aider à reproduire une race des Congolaises et Congolais de valeurs qui soient dignes pour une RDC qui l'a engendrée mais qui souffre.

Les Républiques, les régimes et les Changements manqués

La première République de l'après l'indépendance en 1960 fut un piège. Car, pour une république naissante, il y avait une carence en personnel rodé et prêt à bâtir un Etat-nation. Les quelques élites présentes à l'époque manifestaient des tares tribales incompatibles à la construction d'un leadership national fort et d'une nation. La première crise de « légitimité » entre le premier Président de la République Joseph Kasa Vubu et son Premier Ministre fut juste une manifestation au grand jour de l'impréparation des élites. En effet, Avec l'assassinat de Patrice Lumumba, ce pays connut sa première dose de l'Euthanasie pour un meurtre sous prétexte de la jeune nation indépendante.

En ce qui concerne le régime de Mobutu, on peut noter que l'un des derniers projets majeurs pour répondre aux questions sociales des citoyens fut le Septennat du social. Comme le nom l'indique, ce fut un plan conçu initialement pour stopper l'hémorragie économique créée par la zaïrianisation. A voir sur le papier, ce plan avait tout pour redonner l'espoir aux Zaïrois de l'époque. Malheureusement, comme toujours, les animateurs corrompus n'ont pas été à la hauteur et ont une fois de trop trahi la République en détournant les fonds alloués à ce projet. Il faut surtout noter qu'avec le vent de la perestroïka qui a laissé le monde unipolaire avec la domination Américaine, le régime n'eut pas de choix mais de céder à la pression de la démocratisation. En réalité, la démocratie au Zaïre devrait constituer un des plus grands projets susceptibles remettre le pays sur la voie des pays émergents et ou du développement. Malheureusement, n'ayant pas été une idée profonde et authentique des citoyens Congolais, les initiateurs ont voulu l'utiliser pour « légitimer » leur pouvoir issu de coup d'Etat en 1965. Il s'en fut suivi une période de transition politique trop élastique qui dura sept ans. S'il faut se rappeler, on se rappellera que c'est durant cette période que la classe politique a été forgée. Les oppositions ayant le vent en poupe ont cependant montré leurs limites. Le manque de culture politique et la transhumance politique ont été palpables. La démagogie et le populisme dans les discours politiques en lieu et place de la formation idéologique ont caractérisé les oppositions. En effet, les leçons élémentaires de la politique, du patriotisme et de la république n'ont fait partie ni de projet politique de ceux qui dirigeaient et encore moins de ceux qui aspiraient diriger ce pays. Tout semble tourner autour du pouvoir individuel. La souveraineté du peuple ne fut qu'un discours. En effet, comme on peut constater, ce n'étaient pas des projets qui ont manqué à la deuxième République. Elle a plutôt eu une vision de s'éterniser au pouvoir et a aussi le manque de personnels modèles dans la gestion des projets de la République. Ainsi, beaucoup de critiques de ce régime s'accordent à dire que c'est l'échec de ces deux projets majeurs qui ont signé la fin du règne de Mobutu, lui qui avait pourtant le plus de chance de faire avancer ce pays car ayant trouvé les infrastructures en état et des ressources conséquentes.

Quant au régime de Laurent Désiré Kabila Laurent, ce fut le premier à s'attaquer à la Mentalité de Congolais. Dans son actif, on peut évoquer la mise en place de « Service National » qui avait comme mission de créer une autosuffisance alimentaire pour la République démocratique du Congo. Cependant, sorti des entrailles de l'Alliance des Forces Démocratiques pour la Libération, ce régime qui consacra la troisième République n'a pas réussi à établir et à consolider le Changement de Mentalité initié dans l'homme Congolais. En effet, malgré la volonté politique, ce leadership a voulu imposer au moyen d'un fouet une nouvelle Mentalité à un peuple qui avait déjà pris le goût des libertés. Il a manqué de pédagogie. Beaucoup poussent à croire d'un côté que l'impréparation à gouverner de ces hommes fraîchement sortis des maquis a constitué son plus grand handicape. De l'autre côté, le leadership était composé d'un pouvoir bicéphale avec une tête authentique qui agissait de l'extérieur. Cette hiérarchisation du Pouvoir ne pouvait que présager un chaos. En effet, Ce régime qui était considéré comme porteur d'espoir dans les Congolais n'a malheureusement pas eu suffisamment de temps et des ressources pour mettre en place et assoir son projet de Changement de ce pays qui avait pourtant bien débuté. Car, ayant remplacé « l'éternel régime » de Mobutu qui avait malmené et essoufflé toutes les oppositions politiques, il commit un faux pas en suspendant la constitution pour un délai jugé trop long. En outre cette suspension de la constitution, il a très mal manœuvré ses relations avec les partis d'oppositions trouvés sur place. C'est un pouvoir qui a surtout été trop brutal à l'égard des anciens dignitaires de régime du président déchu. En fait, ce qui a manqué au régime de Kabila Laurent pour transformer ce pays, c'est le temps, la liberté d'agir et surtout des collaborateurs qualifiés et rodés.

Le régime de Joseph Kabila, placé sous le signe de la continuité de Kabila Laurent et de l'AFDL, incarné d'un côté par la vigueur de sa jeunesse et de l'autre côté par son manque d'expérience, a hérité de son prédécesseur d'un pays au bord d'une implosion avec des rébellions qui occupaient des grands territoires. Cependant, malgré l'inexpérience du jeune président qui n'a que 29 ans, il réussit à mettre en place, avec l'aide de la communauté internationale, dans le cadre de l'accord à Sun city en Afrique du Sud, la constitution de 2006 qui rouvrit la voix de la démocratie avec cycle électoral régulier. Dans son actif, on peut aussi noter qu'il a réussi dans ses 18 ans au pouvoir à initier quelques grands projets de développement du pays, entre et autres les Cinq chantiers et la révolution de la modernité. Malheureusement, c'est aussi sous ce régime que la Mentalité de Congolais a été la plus touchée. L'apparition des Kuluna, la culture des exactions et enlèvements, la pauvreté et la misère ont pris une proportion inégalée, donnant ainsi place pour de raisons de survie à une culture de mendicité et tant d'autres. Politiquement, beaucoup critiquent le régime Kabila Joseph d'avoir corrompu la démocratie. Des votes chaotiques, avec des résultats chaque fois contestés et de répressions trop musclés et brutales de protestations contre le régime. En lieu et place d'avoir plus d'infrastructures, on y trouve un pays en lambeau manquant presque de tout. Un pays défiguré et une capitale Kinshasa surpeuplée et très insalubre. Ainsi, on peut constater que le rêve de la transformation du Kabila Joseph devenu président à seulement vingt-neuf ans n'a pas pu être concrétisé surement par manque de maturité du leadership et surtout et encore par une carence en personnels politiques intègres pour mener en bien ces projets. Les faits qu'il reconnut courageusement dans son interview à la fin de son mandat.

Enfin, concernant le régime de Felix Tshisekedi, issu des élections très controversées et contestées tant au niveau national que dans la communauté internationale, il a eu du mal à s'affirmer. Forcé à une cohabitation avec le régime passé, il a souffert pendant plus de deux de l'ombre pesant de Joseph Kabila et de son régime sanctionné par le peuple avec comme preuve : l'échec cuisant de son dauphin et candidat président de la République à l'élection présidentielle du décembre 2018. Ce mandat qui s'inscrivait dans la ligne d'une continuité pour cinq ans a connu une rupture. Et, le nouveau président s'est émancipé au bout de deux ans. En réalité, ce qui a fait défaut à ce régime, c'est aussi l'impréparation à gouverner. En effet, ayant incarné tout l'esprit de l'opposition pendant plus de trois décennies, le parti présidentiel Union Pour la Démocratie et Progrès Social a suscité par ses discours de Changement des attentes surréalistes dans ses partisans et dans les populations en général. En fait, l'ombre du défunt opposant Etienne Tshisekedi qui a joué un rôle majeur dans l'accession de Felix Tshisekedi à la plus haute fonction de la République commençait à être trop grand et pesant pour le régime. Les attentes placées dans le père comme opposant continuent dans le fils comme Président de la République. Et pourtant, le fils n'est pas le père. Le grand projet de l'établissement de l'Etat de droit peine à voir le jour. En cinq ans, le système judiciaire pilier de la démocratie et de l'Etat de droit demeure malade. Le social du peuple et surtout la sécurité des personnes et de leurs biens et des frontières nationales continuent à souffrir gravement. Hormis la question de Kuluna, la situation sécuritaire de la partie orientale du pays inquiète au plus haut point. Certaines localités occupées pendant plusieurs mois par les forces « rebelles » semblent échapper complètement au contrôle du gouvernement central. C'est une situation qui déstabilise tous les autres domaines de la République. Pour dire, pendant ses cinq premières années, le régime a rencontré des difficultés énormes à concrétiser son projet de mettre en place un Etat de droit. Hormis les guerres et les rébellions, le manque de volonté politique de la part des personnels politiques en charge de l'Etat n'est pas de nature à favoriser la construction de cet Etat de droit.

En effet, toutes les tentatives de différents gouvernements de la République pour la transformation de ce pays n'ont pas marché. Tous ces projets pour tantôt rétablir la sécurité dans le pays, éradiquer la pauvreté, tantôt établir une démocratie où il y a liberté, égalité et justice n'ont pas donné de résultat. Il a manqué des hommes compétents, intègres et patriotes pour mettre tous ces projets en musique. En réalité, le seul régime à tenter de changer l'homme Congolais fut celui de Kabila Laurent. Malheureusement, il a manqué le temps et la méthode pour y parvenir. L'homme Congolais présente un déficit au niveau de la pensée. Il faut donc chercher à changer sa Mentalité avant de penser à changer d'autres domaines de sa vie et de la République. C'est un défi qui doit être au top de l'agenda du gouvernement.

La Mentalité Congolaise

Par définition, une Mentalité est en fait un ensemble des manières habituelles de penser et des croyances, des dispositions cognitives, psychiques ou morales plus ou moins permanentes d'une personne ou d'une collectivité ou tout simplement d'un groupe de gens. En d'autres termes, elle est une façon plus ou moins permanente de percevoir, de penser, d'agir et ou de réagir d'un individu ou d'un groupe et un état d'esprit inhérent qui l'anime. Ainsi donc, la

Mentalité Congolaise est cet ensemble de manières, d'habitudes, de certains genres de comportements qu'on retrouve dans la plupart de Congolais qui sont devenu des traits les identifiant en les distinguant des autres peuples. En effet, la RDC est une nation qui peut être singulièrement identifiée par sa manière particulière de percevoir le monde, de penser l'État par ses dirigeants et leur façon de se comporter devant les problèmes sociaux le concernant. En bref, c'est cet état d'esprit plus ou moins permanent qui caractérise de façon générale les dirigeants Congolais responsables de l'État et le reste de peuple dans sa grande majorité face aux défis de la RDC en tant que nation et membre de la communauté des nations. En tant que nation, sa gestion des questions liées à la pauvreté, à l'éducation, à l'emplois, à la sécurité des personnes et de leurs biens, par exemple. Et, en tant que membre de la communauté internationale, les questions liées à l'immigration, à l'intégrité territoriale et à l'intangibilité de ses frontières et toutes celles qui sont liées à sa souveraineté nationale et internationale, les questions liées à l'autodétermination de son peuple et autres.

Cependant, cette façon de penser l'Etat, d'agir et de réagir en son nom ne doit pas être perçu pour innée. La Mentalité Congolaise n'est pas, comme d'ailleurs pour tous les autres peuples, fruit d'une quelconque spontanéité. Elle s'est construit et doit être comprise comme étant une conséquence d'une mise ensemble de plusieurs éléments constitutifs des ethnies et tribus que comprend la République Démocratique du Congo. Toutes ses différentes langues et dialectes et cultures ethniques sont le berceau de la grande culture Congolaise. Elle tient en compte les mœurs et traditions, l'environnement et l'histoire, mais aussi le monde extérieur, ce monde changeant et pris de vitesse grâce à la technologie et à l'internet qui facilite une globalisation et de là, la promotion des cultures pour se forger (Nash, 2010).

En effet, puisqu'une Mentalité peut être construite et est sujet des éléments constitutifs évolutifs, on doit comprendre qu'elle est autant évolutive que changeante et ce, de façon positive comme négative. En observant le Congo des années soixante et celles des années quatre-vingt, on peut constater un Changement négatif apparaître dans plusieurs domaines. De la même manière, celui des années quatre-vingt a une Mentalité qui paraît avoir moins besoin de Changement que celui de l'an deux mille et enfin si on doit comparer le Congo de deux mille vingt à celui des années soixante après son ascension à la souveraineté internationale et vue l'état de délabrement qui le caractérise, on peut clairement comprendre que le Changement de Mentalité est devenu une nécessité et une urgence qui doit être enclenché sans délais si ce pays doit espérer se voir résister encore un autre demi-siècle. Car, cette dégradation partie crescendo a atteint sa vitesse de croisière de sorte que si rien n'est fait par ses propres filles et fils à temps, il y a risque de son implosion et de son morcellement sous prétexte de sauver le peu qui resterait. Ce défi est d'abord celui de l'homme Congolais en tant qu'entité intégrale, ensuite celui de la société Congolaise dans son ensemble et enfin, de son gouvernement en ne tenant pas trop compte d'une communauté internationale dont les relations se fondent sur les intérêts et qui ne ferait rien aussi longtemps qu'ils ne sont pas menacés.

Le Changement de Mentalité

Certains se poseraient la question sur la quintessence d'une démarche qui consiste chercher un Changement de Mentalité en RDC. En effet, ce pays à ressources diverses et du fait de sa position géostratégique au centre de l'Afrique, un continent qui jusque-là vit de façon globale des aides extérieures faute de manque d'impulsion à l'interne manque d'une impulsion qui pourrait venir d'une RDC qui regorge suffisamment des ressources naturelles mais qui malheureusement continue sa descente aux enfers. En fait, cette chute amorcée au lendemain de son accession à la souveraineté internationale après plus d'un siècle de prédation par la colonisation et entretenue par tous ces divers régimes dictatoriaux et un semblant de démocratie ont réussi à maintenir le peuple dans un bourbier devenu environnement normal et donc difficile à quitter. En effet d'un côté, la mauvaise gouvernance d'une deuxième République qui a duré trente-deux ans a fourni d'alibi aux prédateurs-maffieux pour amorcer un processus de déstabilisation à grande échelle de ce pays. De l'autre côté, les massacres à grande échelle Rwandais en 1994 ont permis aux multiples guerres, agressions et rebellions d'installer carrément une zone d'insécurité permanente dans la partie Est de ce pays. Ainsi, la RDC est empêchée de pouvoir prendre la direction du développement qui pourrait avoir un effet domino sur toute l'Afrique et d'offrir une vie meilleure à la population Congolaise paupérisée et qui continue à souffrir.

En effet, lorsqu'on observe les Changements majeurs des régimes depuis son indépendance, on constate que pas grand-chose n'a été apporté. Bien au contraire, le niveau de vie des Congolais n'a fait que baisser chaque fois. Dans chaque régime entrant, on y a retrouvé des résidus des comportements avariés de régime précédent et les populations n'ont fait que s'enfoncer dans leur misère. Comme pour dire, les Changements majeurs des régimes tout comme l'avènement de la démocratie n'ont pas été ce dont ce pays avait réellement besoin. Car, ils n'ont jusqu'à la preuve du contraire pas apporté de résultats escomptés allant dans le sens de procurer le bien-être au peuple. Par conséquent, puisque les Changements des régimes, des institutions et des lois de la République n'ont pas réussi à impacter foncièrement la vie des Congolais, la vraie problématique de ce pays ne se trouve ni du côté des lois encore moins des institutions mais plutôt du côté de l'homme Congolais lui- même.

En effet, l'instabilité chronique a floué la vision de l'homme Congolais sur le soi et son pays au point qu'il est convaincu que rien ne va changer dans son pays et que cette situation est éternelle. Par conséquent, il a opté pour une attitude de survie. Une attitude où l'individu se tourne vers soi-même et où ni la loi ni le respect de la loi n'a d'effet sur lui. C'est un état d'esprit où tous les mécanismes sont acceptables et bons, pourvu qu'ils le fassent vivre. Tout le reste n'a aucune importance. En fait, si donc les Changements de régimes, de systèmes de gouvernement et des leaders n'ont pas apporté aux Congolais ce qu'ils ont toujours espéré, il devient dorénavant essentiel de se tourner vers l'homme et le soi et chercher à modifier foncièrement sa Mentalité. C'est un exercice qui n'est pas facile mais aussi pas impossible à réaliser.

Pourquoi ce Changement paraît-il si compliqué

Tout Changement en soi est par essence un processus complexe qui nécessite la prise en compte de plusieurs facteurs. Surtout lorsqu'il s'agit d'une rupture qui doit intervenir dans l'être humain en tant qu'entité intégrale. En fait, le cas de la RDC est particulier. C'est un pays où le Congolais a vécu pendant longtemps d'une certaine manière qu'il a toujours considéré comme normale au point de l'adopter comme sa seconde nature. On doit admettre que l'idée même de provoquer un bouleversement de l'ordre établi dans le Congolais, entendu par-là le désordre adopté comme norme, est un exercice qui nécessite une vraie volonté de la part de Congolais lui-même et aussi et surtout de leadership de ce pays. C'est autant difficile compte tenue de temps et de niveau de délabrement très avancé de sa Mentalité. En effet, en observant le comportement de la plupart des Congolais particulièrement ceux qui sont dans la grande capitale Kinshasa et surtout celui des dirigeants, pourtant censés être des modèles par leur gestion, on peut se demander s'ils sont réellement prêts à se soumettre aux exigences de processus de Changement de Mentalité. Devenu à ce jour un simple concept propagandiste dans la rhétorique politique Congolaise pour les besoins de la cause et non une priorité dans les faits, le Changement de Mentalité n'est dans le fait qu'un beau concept creux qui ne fait pas partie des priorités dans le programme de ceux qui dirigent. En outre, on constate aussi qu'en l'absence d'un grand projet de gouvernement, avec des ressources conséquentes allant dans le sens de donner une vraie impulsion dans ce domaine, les quelques actions sporadiques réalisées ici et là n'ont pas étaient de nature à toucher le noyau du problème. En effet, toute modification profonde voulue dans l'humain ne doit pas être fruit d'une spontanéité. Car, créer une rupture dans cet être réfléchi est un processus complexe qui nécessite de l'ingéniosité et de la pédagogie. Nonobstant le fait que la plupart de Congolais donnent l'impression de résister au Changement souhaité, il faut aussi noter que l'absence d'un vrai projet faute d'une vision plus éclairée rend vain un tel concept. Pour dire d'une autre manière, lorsqu'un Changement voulu n'est pas bien pensé, il y a risque de gaspiller les ressources et de maintenir l'homme dans le statu quo. La volonté seule ne suffit pas.

En effet, le Changement de Mentalité est surtout une question liée aux valeurs et aux modèles, des valeurs nouvelles à intégrer et des modèles à suivre surtout lorsqu'on sait que le cerveau humain à un reflex particulier dans la méthode d'imitation. Cependant, dans le cadre de la RDC, l'un des soucis majeurs demeure effectivement la carence des modèles à suivre parmi ceux qui sont en position de leadership. Malheureusement, les prédicateurs de Changement de Mentalité sont souvent dans les faits des non convertis eux-mêmes. Au fait, la République démocratique du Congo a besoin des modèle-types des agents de l'ordre et des policiers qui régulent la circulation routière sans demander ni prendre de pot-de-vin de conducteurs. Des hommes d'Etat qui savent prendre des décisions allant non le sens de leurs partis politiques mais de la République. Des juges qui rendent justice sans complexe et qui résistent à la corruption et à l'influence des politiques. Des magistrats de valeurs qui instruisent les dossiers avec équité. Des professeurs et enseignants qui s'attachent à leur vocation et qui ont les dos tournés contre la corruption. Ce pays a besoin des leaders d'orchestres et de troupes théâtrales qui soient des hommes de l'art qui traitent dignement et sans exploiter leurs collaborateurs avec des promesses bidons. Mais, elle a aussi besoin des sentinelles de valeurs qui effectuent leur travail avec professionnalisme en ne laissant passer personne moyennant quelques miettes. Des pousse pousseurs correctes qui ne vident pas leurs poubelles sur des voies publiques. Bref, la RDC a besoin des citoyens dont la dignité et la personnalité ne sont ni marchandables ni échangeables, des hommes et des femmes de valeurs dévoués à sa transformation.

Le Changement de Mentalité, ce défi pour la République

Cependant malheureusement, des générations entières ont été conçues, sont nées et ont grandi dans une culture de médiocrité où les antivaleurs sont normalisés et adulés dans une société où le leadership qui devrait pourtant influencer et imposer la vision de transformation est devenu le premier des incrédules vu le degré de délabrement du pays et surtout de la Mentalité de la plupart des Congolais. Ce Changement-là, c'est donc un vrai « challenge » et non le moindres parce qu'il s'agit de trouver des modèle-types dans chaque domaine de la vie sociétale pour servir de patrons afin d'aider à reproduire une race des Congolaises et Congolais de valeurs qui soient dignes pour une RDC qui l'a engendrée mais qui souffre. Il lui faut trouver des gens utiles pour une Afrique qui manque d'impulsion en interne pour sa stabilité et son développement. Et enfin, il lui faut créer des citoyens incontournables pour une planète qui va vers le chaos faute de manque d'une gestion durable concertée de son écosystème dont la République démocratique du Congo possède des réserves importantes pour la survie de l'humanité.

Ainsi, la transformation de Mentalité en RDC est un grand défi à relever car elle touche, primo, à la Perception et à la conception individuelle et collective des Congolais vis-à-vis d'eux-mêmes et de leur pays. Une Perception qui les a rendus superficiels au point de ne plus savoir ce qu'ils sont et ce qu'ils valent réellement. Ils ont développé une mauvaise conception d'un pays aussi riche mais qui manque de grandeur. Car, corrompus d'entendement à la suite des pressions de la vie, d'une pauvreté généralisée allant toujours crescendo et d'une crise sécuritaire d'envergure imposée qui dure depuis plusieurs décennies et qui les a poussés à développer une Mentalité des immigrés dans leur propre pays. Ils ont une considération plus positive et meilleure pour ce qui est loin plutôt que ce qui est prêt et aussi de l'autre plutôt que de soi-même. Bref, une Mentalité qui considère la République démocratique du Congo comme un lieu de transit et non un endroit de résidence permanente et un chez soi à en prendre soin. Ce qui justifie certains comportements sans état d'âme de beaucoup d'entre eux. Secundo, le fait de vouloir provoquer une rupture dans les comportements est aussi un sérieux défi. Car, déformés pour la plupart par la force de la religion, les Congolais sont devenus plus abstraits, subjectifs et trop émotionnels que objectifs et concrets dans leur raisonnement. Ils sont plus dans la foi hypnotique qui conditionne et contrôle le raisonnement que dans la science qui emmène l'évolution. Et pourtant, par principe, la foi en Dieu n'exclut pas le travail de la main de l'homme. Car, Dieu a, dès le commencement, placé la croyance et le travail ensemble. A ce jour, comme avant les traités de paix de Westphalie en 1648, qui jeta les bases de la séparation des pouvoirs d'Etat et des religieux, l'influence de la religion s'est de nouveau accrue au point de s'imposer et, de fois, de fléchir la puissance de l'Etat qui est de plus en plus relégué au second plan (Melettke, 2001). Tertio, ce renouvellement de Mentalité est un vrai défi dans ce pays car les Congolais, étant culturellement Monarchiques d'entendement, rencontrent des difficultés à intégrer les valeurs de la République. En d'autres termes, la République démocratique du Congo a depuis sa création à ces jours demeuré un assemblage des micro-royaumes malgré son indépendance en 1960 et la volonté manifeste de l'ancien Président Mobutu d'en fonder une République dans le sens idéologique de mot pendant ses trente-deux années au pouvoir. Le système démocratique et la gouvernance en sont victimes. La culture démocratique des élections et des débats n'a que peu d'effets sur les sujet-citoyens royaux qui n'en tiennent pas vraiment compte. Aussi, la notion de la bonne gouvernance en paye le prix le plus fort. Car, aucune autorité ne se voit vraiment redevable à qui de droit parce toute autorité est perçue dans l'entendement collectif des Congolais comme venant non pas de peuple mais de Dieu. Et enfin quarto, cette métamorphose tant voulue est un vrai défi parce qu'il impacte la bonne marche de l'Etat de droit, cet idéal tant souhaité et prôné pendant plusieurs décennies mais qui jusque-là peine à voir le jour. Car, à voir d'un côté le comportement libertin de la plupart de Congolais, on est tenté de conclure que pour beaucoup l'Etat n'existe pas. De l'autre côté, la façon très peu responsable d'agir de l'Etat lui-même, surtout dans le domaine particulier de la justice, le rend invisible et donc inexistant dans la Perception citoyenne des Congolais. Pour dire en d'autres termes et d'une autre manière, la RDC est dans une configuration où les citoyens et l'État sont en rébellion permanente contre la République car les deux sont des « hors la loi ». Or, lorsque l'État développe les mécanismes pour enfreindre ses propres lois, il devient malheureusement un modèle de rébellion à imiter pour les citoyens. Sous d'autres cieux, un simple signal de gyrophare de la police suffit pour qu'un conducteur de véhicule s'arrête tandis qu'en RDC même une tire de balle réelle d'un militaire n'est de fois pas suffisante pour dissuader et stopper un chauffard.

Parvenir au Changement

En effet, il faut que la question relative à l'Identité nationale puisse constituer l'ultime objectif où tous les efforts doivent être orientés pour un Changement durable dans ce pays. Les élites doivent parvenir à rectifier certaines maladresses de l'histoire dans la formation de ce pays. Ce sont des erreurs qui ont coûté très chère aux différentes ethnies et tribus propriétaires de ces terres devenues cette grande RDC d'aujourd'hui. En fait, ce pays fut à l'origine, comme d'ailleurs tous les pays africains, une création des autres et non de ses propres filles et fils qui sont restés ethnico-tribaux de Mentalité dans leur grande majorité. Sans pour autant renier les richesses que possèdent différentes cultures éthiques, il faut reconnaître que jamais un travail de fond n'a été fait dans le but de construire une nation plus ou moins homogène au niveau de la pensée. En effet, une identité nationale n'est pas le fruit d'un Big Bang. Elle est imaginée, réfléchie et adoptée. Par principe, elle est résultante d'une symbiose des cultures et traditions positives et surtout de la volonté des différentes composantes qui constituent ce grand ensemble appelé « nation ». Elle n'est pas immuable. D'autant plus que chaque génération a son lot de problèmes et ses ambitions. Elle peut prendre d'autres proportions et évoluer avec les temps, sans nécessairement toucher aux fondamentaux. Malheureusement depuis des décennies, ce pays connaît de plus en plus de recul dans la construction de sa vraie identité nationale. En effet, lorsque les Congolais sont dans leur environnement ethnique, ils se comportent plus ou moins dignement. Là, il y a respect de l'autorité ancestrale, coutumière et de la chose publique. Le vol et autres comportements d'antivaleurs sont rarement trouvés dans la société et sont, au cas échéant, punis sévèrement. Mais, curieusement, ces mêmes individus font le contraire lorsqu'ils se retrouvent dans un environnement où ils sont tout simplement citoyens Congolais. En fait, dans l'âme, ils sont plus Ngala, Luba, Nkusu, Lokele, Nandé, Ngbandi, Yaka, Teke, Yombé ou autres que Congolais.

En résumé, nul n'est à démontrer, s'il le fallait encore, que le processus de Changement de Mentalité en RDC est une nécessité et que ce défi est tel énorme qu'il ne peut être l'affaire de certains et non pas des autres. Même s'il est vrai que l'impulsion devra venir de ceux qui dirigent par la conception et la mise en œuvre d'une vision claire de ce que doivent être ce pays et l'homme Congolais, c'est ce dernier en tant que maître de son destin et de celui de son pays qui a la plus grande part de responsabilité dans ce processus, un processus qui demande de décisions et des sacrifices énormes pour y parvenir. Mais, tout cela nécessite une vraie volonté de la part du leadership de ce pays et aussi des gouvernés qui doivent faire le choix difficile de se lancer dans la voie de Changement de Mentalité. C'est une voie qui coûte chère mais dont l'issue fera en sorte que les Congolais actuels retrouvent leur dignité et que les générations futures vivent mieux et soient respectées. En fait, ce chantier énorme pour la construction de l'identité nationale Congolaise a besoin des grands esprits pour s'y attaquer. Des Congolaises et des Congolais qui rêvent grand, qui peuvent tout faire pour leur pays et qui sont prêts à en payer le prix pour que le Changement devienne palpable. Il faut donc les chercher dans des villes parmi les élites conscientes et soucieuses de bien- être de la communauté, mais aussi dans les villages parmi les anciens et gardiens de la culture autochtone. Il faut fouiller dans les forêts vers les pygmées et leur prêter l'oreille. Ce chantier aura besoin des hommes de science et des artistes, des industriels et des mamans maraîchères et de tous ceux qui veulent réellement voir ce pays changer. En effet, le Changement dans sa manifestation doit être une suite logique et une conséquence de travail de l'homme intérieur dans sa façon d'appréhender le soi et le prochain. C'est-à- dire, dans la dimension philosophique et spirituelle de l'homme et de tout ce qui l'entoure. Ce doit être une modification profonde dans la Perception collective et dans la conception des Congolais de leur pays dans le but de construire une identité Congolaise de rêve qui soit en phase et assume les conséquences présentes de son histoire, une histoire glorieuse mais aussi honteuse. C'est une tâche qui n'est pas facile, surtout lorsqu'on sait que, dans sa conception, ce pays n'a pas été créé par les Congolais pour les Congolais, mais que ce fut l'imagination et la construction des occidentaux pour leurs propres intérêts. En fait, il a donc fallu à ce peuple à un certain moment de son histoire avoir le courage de s'assoir pour endosser et ou s'approprier cette réalité, chose qui n'avait jamais été jusque-là fait, ou de réinventer une nation à l'image et à la ressemblance des peuples et cultures de ceux qui y vivent.

En effet, les Congolais sont un peuple dont la culture et les mœurs placent dans une sorte soumission innée à l'autorité établie dont le pouvoir est considéré comme un droit divin. En fait, c'est une Perception de la société qui affecte la Mentalité de la République et les principes fondamentaux de la démocratie voulue pour le peuple. Ainsi, dans le chantier de l'État de droit, le plus difficile est non seulement la capacité qu'a l'État à faire respecter la loi mais surtout à la respecter lui-même. Or, si éduquer tout un peuple est très difficile, il est encore plus difficile d'éduquer l'État. Et pourtant, c'est justement à cette tâche que ce pays doit se lancer. L'Etat étant une personne morale, il faudra identifier son cerveau, c'est-à-dire ces hommes et ces femmes qui agissent en son nom et les rééduquer en leur faisant comprendre la suprématie de la loi devant l'Etat qui fait les lois et aussi en les punissant à la rigueur de la loi pour servir d'exemple au citoyen lambda.

Partie 6

Le Nouveau Congolais

Lorsqu'on ne se connait pas, on vit comme voltigent çà et là les papillons qui se retrouvent où les vents veulent les emmener. En d'autres termes, vivre à la merci de l'autre. C'est une erreur majeure que de s'identifier en l'autre sans s'être identifié préalablement à soi-même.

Tout change avec le temps. Il est donc inévitable que le Changement n'arrive pas. En revanche, c'est la direction que prend ce Changement qui n'est généralement pas ce que l'on a souhaité. En effet, lorsqu'un Changement arrive sans être préalablement conçu, l'homme ou la société le subit. Or, l'homme est une entité intelligente qui est différente de toutes les autres par sa capacité de concevoir et de planifier les événements. En effet, la République démocratique du Congo, ce pays à ressources inégalées mais aux énergies « dispersées » a traversé des décennies à la recherche de solutions qui amèneraient le bien-être à son peuple. Un bien-être qui n'arrive toujours pas. Changement des régimes et des républiques, lancement de projets gigantesques de transformation au niveau national et provincial par différents gouvernements n'ont pas pu produire des résultats efficaces et durables. Bien au contraire, le pays n'a fait que régresser dans presque tous les domaines de la vie sociétale. Par exemple, lorsqu'on observe le système d'éducation, l'économie, le social, la démocratie, sur le plan sécuritaire et tant d'autres, l'on a l'impression que ce pays est rongé par une gangrène qui le condamne à mort. En effet, toutes les tentatives de Changement dans ce pays n'ont pas marché faute de la vision claire et de la planification du leadership Congolais, c'est-à-dire de paradigme. En d'autres termes, l'homme Congolais n'a pas réussi à changer sa société. L'investissement crucial dans l'homme n'a pas eu lieu. Dorénavant, les conséquences sont devenues palpables. En examinant l'évolution de la société Congolaise avec un œil critique sur son organisation et son fonctionnement, on comprend que la grande problématique pour la transformation de ce pays, c'est le Changement de Mentalité de ses citoyens. En effet, la RDC ne peut pas changer si les citoyens Congolais ne sont pas prêts à changer d'abord eux-mêmes. Il doit avoir une rupture profonde dans l'état d'esprit collectif pour espérer vivre le Changement dans les autres domaines de la vie sociétale. En fait, au regard de l'histoire de ce pays, on peut constater que le Congolais a beaucoup plus régressé en termes de Mentalité au fil des années. C'est une régression qui est perceptible dans tous les domaines de la République. En effet, ce Changement est une priorité et une urgence. Les Congolais doivent rompre avec toutes ces manières tant décriées ou rester condamnés à revivre les mêmes conséquences. Ce processus doit être enclenché concomitamment dans l'homme Congolais individu et auteur de la pensée, dans la société Congolaise comme organisation structurée et enfin, au niveau de l'Etat qui est cette grande structure qui chapeaute tout. Tout en priorisant l'homme, tous ces trois agents sus identifiés devront participer à la reconstruction d'une Mentalité collective forte, chacun à son niveau de responsabilité et selon ses capacités d'action. C'est un projet qui nécessite la participation des toutes les élites intellectuelles que regorge ce pays, des sages et penseurs enfouis dans les villages et surtout de sa jeunesse remplie d'énergie et d'imagination. En effet, les sociétés humaines se bâtissent sur base d'ententes et des pactes sociaux qui sont un ensemble des règles, des normes et valeurs intrinsèques qu'on se fixe et qui reflètent le désir de vivre ensemble dans une certaine harmonie et sous une identité voulue commune. En fait, le respect des règles et des-en-communs constitue un outil d'inclusion sociale, un moyen d'épanouissement et un élément de longévité d'une société. Car, lorsque l'inversion des valeurs s'établit dans une société, la responsabilité est souvent partagée entre ces trois agents majeurs qui l'influencent. Dorénavant, il faut éviter cette attitude qui consiste à toujours rejeter la faute sur l'autre. Les Congolais sont, à divers degrés de responsabilités, co-auteurs de l'établissement d'anti-valeurs en mode sociétal en RDC. Chacun doit admettre sa part de responsabilité, s'ils veulent activer le processus de Changement. En effet, dans une société où les antivaleurs sont érigés en norme et en mode de gouvernance, l'équation pour la transformation devient très compliquée. Car, il faudra d'abord commencer par redéfinir les choses pour pouvoir retracer ensuite les lignes de démarcations entre valeurs et antivaleurs afin de proposer une voie à suivre sa laquelle le changement espéré resterait un simple slogan et lettre morte. En fait, vouloir changer, c'est un désir légitime. Mais, comment apporter un Changement est un exercice complexe qui nécessite de la pédagogie puisque c'est méthodique que cela se fait.

Cependant, il faut aussi admettre que la notion des valeurs et des antivaleurs a toujours suscité un débat houleux entre différents courants philosophiques. De fois, il est difficile de définir dans une société ce qui doit être considéré comme norme ou valeur et ce qui ne doit pas l'être. Car, le temps peut rendre caduque certaines mœurs et, différentes générations qui se succèdent n'ont pas toujours une même appréhension des choses. Surtout dans cette période où le multiculturalisme est devenu très universel du fait de la vitesse de la globalisation (Nash, 2010). Cependant, il y a des valeurs et normes dans chaque société qui sont les socles et patrimoines communs que ni le temps ni les générations ne sont censées bouger. Il faut que les Congolais veillent, protègent et fassent la promotion de ces valeurs. En effet, les valeurs éthiques sont des repères théoriquement indispensables pour tous ceux qui voudraient retrouver de chemin au cas où ils se seraient perdus. Dans la pratique, c'est un processus qui a besoin d'une ingéniosité dans la conception de la vision de Changement, d'une imagination pointue et d'un sens de planification à court, à moyen et à long terme. Le Changement de Mentalité est un processus complexe qui nécessite beaucoup de ressources, de volontés et de sacrifices de la part de tous les acteurs. Il est surtout essentiel pour atteindre une nouvelle identité, une identité digne et respectueuse.

L'architecture d'une nouvelle citoyenneté

Étant donné sa géographie, constituée des millions de terres arables, ses cours d'eau et ses forêts, et aussi de son histoire, le Nouveau Congolais a vocation d'être agriculteur, militaire et innovateur dans la nouvelle technologie et la technologie de pointe. Ces trois domaines doivent constituer la base de raisonnement pour tout

Congolais. En effet, en tournant principalement vers l'agriculture, le Congolais comprendra mieux la valeur et l'importance de ses terres et les gardera à tout prix. Hormis le fait qu'elle résoudra le problème de l'insuffisance alimentaire dans ce pays, elle pourrait aussi nourrir ses voisins directs et avoir des retombées économiques stratégiquement utiles pour sa sécurité. Ensuite, étant géographiquement entouré des neuf pays voisins et contenant des minerais stratégiques qui attirent leurs convoitises, le Congolais doit être prêt à les défendre. Il est donc important que service militaire soit obligatoire à tous les jeunes pour la défense de la patrie. Et enfin, il faut qu'il s'approprie de la nouvelle technologie et développe les outils de la défense militaire offensifs et défensifs nécessaires pour une dissuasion qui impose la paix et le respect à tous.

La Nouvelle Mentalité Congolaise

En effet, l'un des plus grands obstacles pour que les Congolais relèvent le défi de Changement de Mentalité se trouve dans *la découverte de soi.* C'est un exercice qui parait simple mais qui a une très grande portée philosophique dont beaucoup n'ont pas encore prêté attention. En réalité, lorsqu'on ne se connait pas, on vit comme voltigent çà et là les papillons qui se retrouvent où les vents veulent les emmener. En d'autres termes, c'est vivre à la merci de l'autre. En fait, c'est une erreur majeure que de s'identifier à l'autre sans s'être identifié préalablement à soi-même. Quoique l'homme n'est pas fait pour vivre en autarcie, vue l'évolution de nos sociétés, il faut reconnaître que l'autre est donc un complément indispensable dans la constitution même de soi. Cependant, l'homme Congolais est devenu trop superficiel et ne prête plus beaucoup attention à la dimension spirituelle, *le soi*. Or, aussi longtemps qu'il ne fera pas de *soi* son sujet d'investigation, il continuera dans l'errance et dans les tâtonnements. Il ne sera ni indépendant, ni utile pour soi-même encore moins pour l'autre. En fait, il faut intégrer que l'autre ne peut que servir d'appui lorsque l'on est conscient, comme l'oiseau, de ses propres capacités de se tenir debout puis de voler.

En effet, c'est l'absence de cette conscience dans plusieurs Congolais qui les maintient dans le statu quo et qui les empêche de devenir des vrais agents de Changement. Car, lorsqu'on ignore qui on est et qu'on cherche à devenir ce que l'on veut, on finit généralement par briser cette harmonie intérieure dans l'homme. Dès lors cette harmonie est brisée, on perd d'équilibre et on devient un risque pour soi-même, pour autrui et pour la société dans son ensemble. Ainsi, partant de cette réalité, on peut mieux comprendre comment un si grand pays comme la RDC soit descendu aussi bas. En fait, pour retrouver ces repères, l'homme Congolais doit revisiter son histoire pour y puiser des valeurs Kongo et faire la promotion de prouesses de ceux qui ont vécus. Il doit se réapproprier ses terres et en recréer son Congo en une naissance « désirable et consensuelle » pour ainsi rectifier la faute majeure des colonisateurs qui se sont partagés les terres du continent Africain sans tenir compte de son histoire, de sa culture et de la volonté des peuples trouvés sur place, au-delà de tout. Ce processus ultime de réappropriation ne saurait aboutir si le peuple congolais ne se cramponne que dans sa posture de « victime de la colonisation ». Bien plus, il lui faut établir courageusement sa part de responsabilité historique dans cette entreprise macabre. En effet, les élites Congolaises doivent reconnaitre qu'ils ont accepté de continuer l'œuvre de la colonisation au nom de l'homme blanc. Au lendemain de l'indépendance de leur pays, elles ont elles-mêmes commencé à détruire leurs infrastructures et ont vendu leurs terres par des accords aveugles pour un pouvoir de la honte. Ce n'est qu'après l'avoir fait qu'elles pourront espérer entamer un nouveau départ. Car, on ne peut pas vouloir changer de paradigme si on n'est pas totalement conscient des erreurs et des fautes passées et, surtout, de sa propre part de responsabilité.

En effet, beaucoup estiment que c'est par manque de rôles modèles que ce Changement n'arrive pas jusque-là. Il est vrai, s'il faut se le dire, que bon nombre de ceux qui sont en lumière en République démocratique du Congo ont souvent manifesté des vices qui sont des éléments d'antivaleurs et donc susceptibles de dérouter la société, s'ils sont suivis. Mais cela n'est pas suffisant pour arriver à une conclusion aussi simpliste et biaisée pour une aussi vaste société en stéréotypant un peuple aussi grand et en le revêtant d'un parfum d'une odeur qui ne lui convient pas. Et pourtant, ce pays a une histoire qui regorge de géants en son sein, ces hommes et ces femmes de tout âge qui ont excellés dans différents domaines de la société. En fait, le plus grand souci ne devrait pas être l'absence des Congolais modèles mais plutôt la promotion de l'excellence dans le chef des Congolais. Car, beaucoup ont cette tendance délibérée à oublier que lorsqu'on parle de la RDC, on parle de pays de Patrice Émery Lumumba, ce Héro Africain à l'instar de Kwame Nkrumah du Ghana ou de Nelson Mandela d'Afrique du Sud, ces hommes politiques dont la renommée transcende le temps et l'espace. Ils ignorent que c'est au Congo que parurent Simon Kimbangu et Béatrice Kimpa Vita, ces êtres dont la spiritualité a laissé des traces indélébiles à ces jours. Ils veulent faire oublier au monde le docteur Jean-Jacques Muyembe et son implication dans la découverte et le traitement de virus d'Ebola. Comment donc en quelques années seulement, on peut prétendre avoir oublié Monsieur Augustin Dokolo, cet homme d'affaires le premier à avoir créé une Banque commerciale en Afrique subsaharienne ? devrait-on parler de Professeur Liyolo, ce sculpteur qui a présenté au monde des œuvres de grandes qualités artistiques ? d'où est venue cette hypocrisie qui tend à oublier que Rochereau Tabu Ley et Franco Luambo Makiadi, surnommés respectivement « Seigneur » et « Grand-maître » étaient des Congolais qui ont excellés dans l'art d'Orphée, il y a à peine quelques décennies ? En vérité, les Congolais de grandes valeurs sont tellement nombreux que tout ce livre ne contiendrait que leurs noms et leurs prouesses, s'il fallait les énumérer tous. En effet, les hommes de valeurs et d'anti-valeurs existent dans chaque société. Cependant en RDC, beaucoup ont fait le mauvais choix de promouvoir les antivaleurs. Raison pour laquelle, des individus mal intentionnés et simplistes de raisonnement refusant de voir l'évidence vraie sont aveuglés et tombent dans le piège de généralisation qui les pousse à tirer de telles conclusions sans soubassements scientifiques.

En fait, ce qui a longtemps manqué aux Congolais, c'est cette culture d'honorer les citoyens qui ont servi avec dignité le pays. La Place des artistes dans le quartier de Matongé à Kinshasa, un endroit aussi particulier et qui serait sous d'autres cieux considéré comme l'un des lieux les plus prestigieux, est devenu l'une des places publiques les plus sales de la capitale. Il n'y a ni respect ni honneur en la mémoire de ces grands noms d'architectes de la grande culture Congolaise moderne. Et, si sous d'autres cieux, on arrive à honorer même les soldats inconnus, les héros de guerres sont abandonnés et ignorés en RDC. En fait, ce pays a besoin d'une vraie révolution culturelle qui consistera à respecter et à honorer systématiquement ses dignes fils et filles qui servent la République, pendant qu'ils sont vivant et même après leur mort, en leur offrant l'opportunité d'avoir une vie digne et surtout en les immortalisant nommant et rebaptisant rues, avenues et artères après leurs noms. La RDC doit apprendre à maintenir ses héros vivants et d'actualité, si elle veut bâtir une société sur base des valeurs. Car, l'histoire est un guide et une boussole pour l'avenir de l'homme. Elle est en effet cette mère sans laquelle l'homme resterait un éternel bébé. On apprend par elle et, les erreurs et fautes du passé tout comme les prouesses et les succès sont en réalité des repères utiles pour mieux projeter le futur plus glorieux. En effet, l'histoire a la force de reconnecter l'homme avec lui-même.

Une vision claire

On ne bâtit jamais sans lumière. Un individu qui manque de perspective n'ira jamais loin. Toute personne qui veut construire devra avoir dans son esprit le genre d'édifice qu'elle désire réaliser. Ainsi, elle aura la capacité de bien planifier les choses pour le voir se réaliser. Autrement, il n'y arrivera pas, peu importe son courage. En fait, le courage est un atout. Cependant, sans une vision, cette vertu ne mène nulle part. Car, savoir ce que l'on veut, où l'on veut aller et ce que l'on compte faire est l'un des plus grands défis des Congolais. Un peuple qui manque de perspective finit dans un ravin. Il est comparable à un pilote qui décolle sans un plan de vol. En effet, l'énergie contenue dans une vision est cet élément qui communique la force de travail. Cette projection du futur est ce qui pousse l'homme à fournir des efforts pour parvenir à sa matérialisation. Malheureusement, les Congolais sont étouffés par les conditions socio-économiques et ont développé une Mentalité de survie qui maintient leur vision dans un état « d'instant immédiat ». En fait, ils ont une vision du lendemain très rétrécie. Dans un pays où la misère a atteint son niveau le plus élevé, cet instinct de survie devient une attitude normale pour chaque individu qui se trouve dans une telle emprise. En d'autres termes, les conditions socio-économiques délabrées ont réduit l'homme Congolais dans un état d'animalisation de pensée. Devenus pratiquement instinctifs, beaucoup ont supprimé carrément tout humanisme en eux et ont vendu toute dignité. Comme dans la jungle, beaucoup paraissent comme prédisposés à la violence et à la loi du plus fort. En revanche, d'autres sont dans une lassitude béante des animaux apprivoisés, pourvu d'accéder à la mangeoire. En fait, ces attitudes sont un mur de prison susceptible de maintenir l'homme dans les conditions qui empêchent de voir plus loin et d'espérer à un avenir meilleur et radieux et de continuer à rêver. C'est pourquoi le nouvel homme Congolais aura besoin d'un leadership modèle et visionnaire capable de lui communiquer de l'espérance et un rêve de grandeur susceptible d'élargir ses capacités perceptives et visuelles qui le pousse à rechercher sa concrétisation. Il s'agit là d'une impulsion pour un nouveau départ.

Le Travail, l'opportunité et la créativité

En outre, l'homme Congolais a développé une Mentalité d'éternel assisté qui est une gangrène qui tue l'individu à petit feu. En fait, il est important pour chaque homme de se connaître, connaître ses qualités mais aussi ses faiblesses. Il doit parvenir à identifier ses limites dans le but de se surpasser et non d'un contentement éternel. Le nouveau Congolais doit intégrer, dans ses capacités cognitives, le travail comme la clé du sésame et l'outil indispensable qui lui permet de vivre décemment et dans la dignité. En effet, il faut reconnaître que le travail, bien au-delà de procurer le pain, impose aussi le respect par sa rémunération. Cependant, trouver un emploi est depuis des décennies un sérieux problème social qui fait de la RDC l'un des pays où le taux des chômeurs le plus élevé. Le circuit d'emplois est très réduit et la distribution de peu d'emplois encore disponibles se fait sous table, selon des critères et des normes peu orthodoxes. C'est dans ce pays-là que les marchés publics se font de gré à gré avec commissions préalables sous la table et rétro commissions, qui sont des formes de corruption condamnable sous d'autres cieux mais « normalisées » en RDC.

Cependant, ce dysfonctionnement de la société ne doit pas faire croiser les bras à tous ces Congolais remplis d'énergies. Bien au contraire, il doit les exciter à une sorte de révolution mentale qui les pousse à se prendre en charge en se créant des opportunités d'emploi et de travail. Car, rester sans rien faire en attendant que la situation socio-économique du pays s'améliore ou change est un aveu d'échec et peut être suicidaire. Par ce comportement, beaucoup ont développé la Mentalité de perdants et ne trouvent plus nécessaire d'essayer car ils sont convaincus de leur échec assuré d'avance. Or, lorsqu'une potentielle énergie n'est pas utilisée, elle devient au fil des temps un agent destructeur qui finit par rendre l'homme qui la possède encombrant et nocif. Il faut rétablir dans l'esprit de Congolais nouveau « le travail » comme le moyen par excellence de réussite et de dignité.

Aussi, puisque le Changement de Mentalité est un processus, il est important de souligner que la notion de spontanéité ne devra sous aucun prétexte être intégrée dans l'imaginaire collectif. Il faut que les Congolais sachent que si Changement devait avoir lieu, il doit préalablement être conçu et travaillé, et que l'homme Congolais a une part de responsabilité énorme. En tant que tel, il lui revient la responsabilité de « provoquer » ce Changement. Car même sans emploi on peut travailler et ou se créer un emploi. Voilà l'état d'esprit que devra intégrer le nouvel homme Congolais. Il doit apprendre à faire ce qu'il peut dans les perspectives d'avoir les ressources pouvant l'aider à faire ce qu'il veut. Lorsqu'on sait ce que l'on veut, on ne tient pas trop compte de la nature du « travail- tremplin » car on a une vision à atteindre. Et, lorsqu'on a une vision, on voit en la boue un tremplin et non un piètre environnement salissant. Si donc l'ombre n'atteint pas la chèvre, la chèvre cherchera l'ombre, dit-on. Beaucoup de ces battants Congolais sont capables de bâtir des digues défensives pouvant empêcher l'eau de franchir pour les inonder mais ils sont incapables de passer à l'offensive en construisant des ponts qui les aident à traverser de l'autre côté. La plupart des Congolais ont développé des mécanismes et stratégies de survie. Ils sont capables, avec un travail minimal, de se procurer un morceau de pain pour la journée et un peu de tubercules le soir. Certains y parviennent même sans travail car réduit carrément à la mendicité. Cependant, cet instinct de survie ne doit pas devenir un mode de vie permanent. Il peut bien être utilisé comme un soubassement pour construire un lendemain plus stable et meilleur plus tard. En effet, si on n'arrive pas à avoir un emploi, on peut en créer un pour soi-même. Le Congolais nouveau doit intégrer dans son raisonnement l'esprit d'entreprenariat s'il veut vivre en toute indépendance. En fait, lorsqu'on parle de l'entreprenariat, on parle de ces mamans maraîchères, de ces jeunes gens qui sont dans des petits commerces qui jonchent les rues de la capitale, les coins et recoins du pays et tous les autres.

Les Études et Formations et le réalisme

La formation et les études sont d'une importance capitale dans la conception de la structure sociétale telle qu'établie aujourd'hui. Cependant, beaucoup ont tendance à penser que l'homme devient grand lorsqu'il réalise de très grandes études et formations dans les universités de renoms. Ce qui n'est pas vrai. En effet, l'homme doit d'abord être grand dans son esprit. En réalité, les études et les formations sont utiles car elles préparent l'homme pour bien exploiter les opportunités sans lesquelles il lui est impossible de réaliser sa vision. En d'autres termes, les études et formations préparent l'homme à une exploitation efficiente et durable des opportunités.

En effet, il faut aussi retenir qu'en parlant des opportunités, beaucoup ont tendance à les chercher ailleurs. Et pourtant, c'est d'abord dans l'être. L'homme possède des atouts qui sont une opportunité de créer de l'emploi. Car, avec ses membres, il peut bouger et donc travailler. Avec son cerveau, l'homme peut réfléchir et être coordonné dans ce qu'il fait. En d'autres termes, l'homme doit intégrer qu'il est avant tout une opportunité en lui-même avant de chercher ailleurs. Il est une vraie entreprise qui a besoin des investissements et une gestion efficiente de ses ressources pour son épanouissement, comme pour toute autre entreprise. C'est ainsi que l'utilisation efficiente de son temps, de ses énergies et autres devra être primordial pour lui. En effet, la nature et l'environnement sont des grandes plateformes qui offrent à l'humain les opportunités car elles possèdent des éléments à exploiter qui l'aident à atteindre son bien-être. Avec une exploitation rationnelle et responsable de l'environnement, il peut se maintenir en vie pour ainsi créer son bonheur. C'est pourquoi le nouveau Congolais doit avoir un regard humble sur la nature et établir une collaboration de façon durable pour profiter au maximum de sa générosité. Dans ce domaine, les Congolais sont les plus bénis de la terre car ils possèdent presque tout : une terre très fertile, des forêts, des savanes, des rivières et autres qu'il faut simplement bien voir et commencer à explorer avec responsabilité. Ainsi, le nouveau Congolais « agriculteur de Mentalité » doit investir et développer de techniques agricoles susceptibles de lui faciliter le travail dans ce domaine qui est naturellement le sien, en construisant par exemple des grandes écoles d'agricultures.

La vocation et la Mentalité

En effet, lorsque les temps ont changé, il faut intégrer les nouvelles donnes et essayer de s'y adapter pour ne pas être déconnecté des réalités nouvelles. En observant les cursus de la plupart de ceux qui sortent chaque année des universités de ce pays, on est surpris du nombre sans égalé de diplômés dans des domaines déjà saturés et dont les cercles d'emplois sont restreints et presque fermés. Comment les jeunes gens de ce siècle peuvent-ils accourir pour chercher à devenir député national dans un hémicycle qui ne compte que cinq cents sièges et en plus pour un mandat de cinq ans. Sans pour autant chercher à séparer l'homme de ses ambitions, il faut être réaliste. Car, il suffit de ne pas être élu dans deux processus électoraux et de voir son âge être augmenté de dix ans. En effet, le réalisme est un élément clé dans le Changement de paradigme car il aide à avancer avec lucidité et à se préparer pour les domaines plus prometteurs dans le marché d'emploi. Par exemple, à la place des sciences politiques, se lancer dans l'agronomie paraît plus réaliste car l'agriculture offre plus d'opportunités que la politique. Et, à la place de sciences économiques, on peut aller dans le business management. En fait, les réalités du moment et les opportunités naturelles de l'environnement doivent constituer une source d'inspiration et d'innovation quand on planifie l'avenir. Sous d'autres cieux, les structures de l'Etat sont établies de sorte que ceux qui ont une vocation se voient être accompagnés dans leur voie. Tandis qu'en RDC un tel accompagnement n'est presque pas existant. Et pire encore, lorsque l'Etat met en place de telles structures, elles ne profitent qu'à un petit cercle fermé des gens qui les dirigent.

En outre, les modèles de réussite qui attirent et inspirent les autres à aspirer à tel ou tel autre domaine sont souvent bâtis sur base « de faux » et malheureusement ont fait de ce mensonge un passage obligé pour quiconque voulant accéder à cette « vocation d'emprunt ». Voilà pourquoi, il est très important pour l'homme Congolais de chercher premièrement à savoir ce qu'il veut réellement et surtout les raisons qui l'attirent vers cette vocation. Cela lui éviterait à continuellement tourner en rond. En effet, la Mentalité qui consiste à se jeter dans un domaine de la vie sous prétexte que c'est en vogue est trop simpliste et un défaut de raisonnement. Lorsqu'on est convaincu de ce que l'on veut, on ne change pas à tout vent. Au contraire, on utilise les autres voies comme vent qui aide à se diriger vers sa destination. Autrement, ça serait une vie de perdu qu'on aurait vécu sur terre.

La Nouvelle Société Congolaise et la notion d'Éthique

En effet, les valeurs et les antivaleurs sont des éléments de la conscience. Dorénavant, il faut qu'il y ait un fossé clair entre ces deux entités opposées pour ne pas demeurer dans la confusion totale. Il doit y avoir des lignes de démarcations claires et nettes entre ce qui est bien et ce qui est mal, entre ce qui est bon et ce qui est mauvais et surtout entre ce qui est tolérable et ce qui ne doit pas l'être. On ne peut pas avoir dans une société une cohabitation entre ces entités opposées et contraires. En fait, une société se bâtit sur base « des acceptables » et « des interdits ». Le premier est un ensemble des valeurs éthiques à intégrer qui permettent l'inclusion sociale et forgent la conscience collective sans laquelle l'équilibre n'est pas possible. Tandis que le deuxième, c'est justement le contraire du premier. Cela doit rester cette ligne rouge à ne pas franchir de peur de s'autoexclure à défaut d'être exclu de la communauté. En effet, lorsque le bien et le mal s'entremêlent dans une société, c'est la mort de la conscience collective où s'établissent les normes, le libre arbitre et l'idée même de la justice.

En réalité, les valeurs et les antivaleurs sont des choix d'hommes. Elles ne sont pas innées. Elles sont culturellement conçues et sont acceptées par tous comme telles. Ainsi, sans se lancer dans des débats sur l'universalité des valeurs, on peut déduire que l'être humain a aussi le pouvoir de décider d'inverser des valeurs en normalisant les manières et actes qui sont considérés universellement comme antivaleurs. Tel est le cas de la société Congolaise où non seulement cette ligne de séparation entre bien et mal n'est presque plus perceptible dans les consciences, mais surtout un endroit où les antivaleurs ont pris de la prédominance sur les valeurs. Ainsi, il faut que la société s'engage à élever les valeurs en dénonçant et en punissant les antivaleurs pour permettre la guérison de la conscience collective et parvenir à la renaissance de la société Congolaise nouvelle et normale.

En effet, les sociétés humaines se bâtissent sur base des-en-communs. Ce sont des valeurs établies permettant la cohésion, l'inclusion et l'harmonie entre différents membres. Il faut que la société soit en mesure de mettre hors d'état de nuire tout individu qui ne marche pas en accord avec les valeurs établies. Pour cela, elle est appelée à développer la culture de gratification et de célébration de bravoures et mérites en récompensant les hommes et les femmes qui se sont distingués dans la société tout en décourageant en même temps les antivaleurs. Il faut qu'il y ait dans chaque génération et dans chaque domaine de la vie sociétale l'exaltation des citoyens qui se sont distingués mais aussi la privation de capacité des inciviques. Par exemple, la société doit être en mesure d'offrir des bourses d'études aux élèves et étudiants qui obtiennent une mention spéciale mais aussi incarcérer pour rééducation des gangs et autres délinquants. La société doit subventionner les artistes qui contribuent par leurs œuvres à la conscientisation des populations et en même temps décourager ceux qui participent à la dépravation des mœurs. Il faut créer des musées et des lieux d'expositions d'œuvres qui ont marqué leurs époques à travers le pays et l'introduction dans les cours d'histoire les événements et les hommes qui ont marqué les temps et les époques dans ce pays pour maintenir ces héros vivants et les connecter avec les générations présentes et futures. En effet, le Congolais doit être décomplexé et sortir de cette culture qui consiste à voir la grandeur des autres et seulement le mauvais côté de soi-même. Car, l'homme est attiré par la lumière et la grandeur. Or, si c'est le pan de la grandeur de l'autre qui est mis en lumière, on risque en copiant de cesser d'être soi-même et donc d'exister.

Le Multiculturalisme-utile pour la RDC

Contrairement à la culture occidentale, la famille est définie dans la Mentalité Bantou comme étant un clan. Au-delà du père et de la mère, les Né Kongo s'identifient aux grands parents. C'est une Perception de famille qui inclut oncles et tantes et leurs progénitures comme faisant parties du cercle « restreint ». Cette valeur qui mise sur le nombre comme une source de richesse permettait la création d'une sorte de justice sociale qui faisait en sorte que personne au sein d'un village ne puisse manquer ou être indigent. Cependant malheureusement avec le multiculturalisme, l'homme Congolais a tout embrassé et a fini par très mal embrasser. En effet, quand les sociétés occidentales ont réduit la famille au père, à la mère et aux enfants, leurs pouvoirs d'Etat ont suppléé à ce vide en mettant en place de politique salariale plus ou moins équilibrée pour ceux qui travaillent et des services sociaux qui soutiennent des familles en difficulté. Tandis que la société Congolaise a carrément morcelé la famille en mettant de côté certains membres qui sont livrés à leur propre sort. Chose qui n'est pas compatible avec la culture africaine. En fait, s'il faut se rappeler, on doit surtout se rappeler que dans les échanges qui ont produit le multiculturalisme, les africains n'ont pas beaucoup apporté. Ce sont des cultures de plus forts qui ont été imposées sur celles des faibles et, déjà victimes de la colonisation, les Congolais ont perdu leurs souches culturelles avec l'imposition de ce multiculturalisme déséquilibré. Wieviorka (1997) insiste sur « l'internalisation de la culture de masse sous hégémonie américaine ».

En fait, tout phénomène culturel se transmet et, de nos jours, les médias jouent un rôle important dans sa fabrication et sa promotion. Il suffirait de mettre en place une politique pour la promotion culturelle des valeurs « Kongo » et les nouveaux Congolais en cueilleront des fruits dans quelques années. D'ailleurs avec ses centaines d'ethnies, issues du puissant royaume Kongo, les Congolais ont plus à donner qu'à recevoir dans ces échanges culturels entre différents citoyens du monde. Surtout avec tous ces millions de Congolais éparpillés dans le monde, la RDC peut déjà compter un nombre important d'ambassadeurs pour véhiculer et imposer sa culture. Il suffit de mettre en place une bonne politique culturelle pour que le multiculturalisme subisse une importante influence de la culture venant de leur pays.

En effet, les religions apportées par les colonisateurs ont ramené dans leurs livres sacrés plus de mal que de bien. Elles ont eu à jouer un rôle néfaste dans l'aliénation collective des Congolais au profit de puissances colonisatrices. Et pourtant, descendants des ancêtres Kongo, ces peuples issus d'une grande spiritualité se sont détournés de leur intelligence divine qui illuminait leurs ancêtres dans les domaines de la médecine, de la communication et des sciences de tous genres. Ils ont été abrutis par des principes d'une foi sans consistance qui les a emmenés distraction et paresse d'esprit et qui les a placés dans une aliénation servile. En fait, le nouveau Congolais doit tourner le dos aux mensonges inoculés par la manipulation de la religion et se concentrer dans la dimension spirituelle de choses où réside le Dieu tout puissant. Il doit user de sa spiritualité pour posséder la science qui est la base de tout développement de l'homme et de la société.

La Méritocratie et la Reconnaissance

Les grandes sociétés se bâtissent sur base des mérites et des prouesses de leurs citoyens qui sont à leur tour récompensés. Cependant, ces deux cultures fondamentales dans la construction d'une société forte n'ont pas vraiment été d'actualité en République démocratique du Congo. Pendant longtemps, les partages de responsabilités n'ont pas été sujet de compétences et d'expertises mais plutôt des éléments qui sont liés à la région, tribu, langue et autres intérêts obscures et, très peu se sont retrouvés en suivant le cursus normal. En outre l'exaltation de la culture de la méritocratie, il faut aussi développer celle qui consiste à reconnaître tout travail accompli au bénéfice de la société et à honorer de diverses distinctions leurs initiateurs et auteurs en vue d'exciter le reste de la société à la culture de l'excellence. En effet, dans l'histoire de ce pays où les héros sont très négligés, il faut faire en sorte que la société commence à réhabiliter la mémoire de tous ces dignes citoyens qui ont contribué par leur savoir ou leur courage dans un domaine donnée et apporter de l'assistance à eux et à leurs familles. Par exemple, la construction des monuments publics et la rebaptisation des rues, avenues et villes après leurs noms. Il faut surtout faire des réformes des lois pour favoriser des traitements spéciaux des héros même si la manie de titre dans la société Congolaise a souvent étouffé la notion de la méritocratie en RDC. Car il suffit d'avoir un peu de pain à distribuer à une dizaine personnes pour être compté parmi les grands dans ce pays où les esprits saturés par le faux ne font plus de différence entre le faux et le vrai. En fait, c'est seulement en reconnaissant et en récompensant les mérites par l'Etat que la nouvelle société Congolaise pourra redéfinir les choses et remettre chacun à sa place. Car la société, c'est d'abord un ensemble où priment norme et ordre. Même si elle est faite pour tout le monde, chacun doit être à sa place.

Le Dialogue et le Consensus

La Nouvelle Société Congolaise a besoin des citoyens humbles pour sa renaissance. Des hommes et des femmes qui ne se considèrent pas comme étant supérieurs aux autres, mais qui sont conscients de leurs limites et aussi de l'impact de la complémentarité des idées et capacités des uns et des autres. Étant donné les nombreux défis à relever pour cette société en reconstruction, il est important de privilégier chaque fois le dialogue et le consensus comme moyen de résolution de conflits et une façon de faire avancer la démocratie dans ce pays.

En effet, n'étant pas très enracinés dans la culture démocratique, le système de vote et de la loi de la majorité paraissent plutôt déstabilisateur qu'un moyen pour le peuple d'exercer sa souveraineté, une notion qui demeure non assimilée par la majorité des Congolais. En d'autres termes, la pratique à l'occidental de la démocratie où la loi de la majorité gouverne n'a pas facilité la construction d'une RDC plus stable. Bien au contraire, et sans pour autant remettre en question les fondamentaux de ce système de gouvernement qui a fait ses preuves dans plusieurs pays, il ne paraît jusque-là pas très adapté. Peut-être qu'il était trop précoce pour une société Congolaise qui avait encore besoin de construire sa propre identité. Pour preuve, depuis dix-neuf cent soixante, les élections n'ont fait que déchirer ce pays. A chaque processus électoral son lot de problèmes. En effet, les élites de ce pays doivent faire preuve de beaucoup de courage pour trouver, à défaut d'inventer, un nouveau système de gouvernement plus adapté à la culture et aux mœurs de ce peuple. Peut-être opter pour une forme de démocratie qui soit basée en permanence sur le consensus et le dialogue qui aboutissent à une cogestion de la République par une majorité plus large incluant le pouvoir et les oppositions, du moins pour les deux ou les trois prochaines décennies, le temps d'éduquer et de préparer le peuple pour la démocratie et son grand jeu.

La Reconstruction d'une Jeunesse pour le Congo

La jeunesse, c'est l'énergie et la pérennisation d'une nation. En réalité, la forme qu'a une nation est la représentation matérielle de sa jeunesse. Car, les élites qui participent dans le leadership d'un pays ont été sa jeunesse du hier. Ce qui fait que les dégâts qu'elles commettent aujourd'hui ont nécessairement une racine dans leur passé. Lorsqu'on veut rebâtir une nouvelle identité plus solide, il est important de remonter la route qui a conduit à cette jeunesse. En fait un enfant, ce sont tout d'abord ses géniteurs dont sa mère en particulier qui est la première personne sur qui prêter plus d'attention et la maternité vient juste après. C'est ainsi que traitement de la femme-mère avant, pendant et après la naissance est très déterminant pour avoir un bébé psychologiquement sain et une enfance stable. De la grossesse à l'accouchement, il y a nécessité de mettre en place des mécanismes d'accompagnements psychologiques et sociaux pour prévenir que la mère et cette future jeunesse puissent être affectées dès les premiers instants de la vie du bébé. A la base, l'accouchement est un processus très stressant et de fois très traumatisant pour la femme. Ajoutez à cela le manque de moyens financiers, il devient l'enfer pour certaines mères. En outre l'accompagnement de la mère, la République doit veiller à ce que les maternités répondent aux normes, surtout de la propreté et de l'hygiène, et qu'elles soient gratuites pour des femmes dont les revenues ne leur permettent pas de payer la facture après l'accouchement.

Parlant toujours de la jeunesse, il est difficile pour un pays d'empêcher ses populations d'être candidates à la migration. Cependant, ces mouvements de migrations sont carrément devenus un fléau pour certains pays africains. En RDC, la pauvreté et l'insécurité ont pendant longtemps été à la base et ont contribué à l'exode des populations. En effet, sans espérance dans leur propre pays, les jeunes ne rêvent que d'Europe et d'Amérique. N'ayant pas les ressources financières nécessaires pour effectuer un voyage dans les normes, beaucoup sont fauchés dans le désert de Sahara et certains échouent dans la méditerranée sans atteindre leur objectif du départ. En fait, le gouvernement doit prendre conscience que le fait de laisser les jeunes quitter le pays, c'est aussi laisser une quantité inestimable d'énergies du développement se volatiliser. Il faut en effet créer des infrastructures nécessaires et des opportunités pour maintenir ces énergies sur place. Il faut favoriser la création de petites et moyennes entreprises des jeunes en leur offrant des subventions via des « caisses d'épargne ». Il y a lieu de réfléchir sur une politique des emplois jeunes dans les entreprises pour permettre aux jeunes gens en âge de travailler d'intégrer petit à petit le marché d'emploi et se faire un peu d'argent les weekends et pendant les vacances scolaires et académiques. Voilà pourquoi le gouvernement doit travailler à revaloriser les sports, la culture et les arts, l'armée et la police, des domaines qui attirent plus les jeunes, en encourageant la consommation, à prix d'argent, des œuvres d'artistes Congolais. Il faut qu'il y ait des mécanismes de tarification « forfaitaire » pour les utilisateurs de certains téléphones mobiles, laptops, tablettes et autres postes téléviseurs à l'achat via leurs magasins et points de ventes. La République doit investir dans la construction des infrastructures sportives de différentes disciplines, des salles de spectacles et des studios d'enregistrement pour artistes. En effet, il doit faire la publicité et la promotion des œuvres d'art dans les écoles primaires et secondaires, en mettant de moyens tels que bourses d'études, contrats publicitaires et autres. Il faut aussi que le métier d'artistes et de sportifs parviennent à fabriquer des millionnaires dans le pays.

En fait, avec une bonne politique de parrainage et un bon accompagnement médiatique, les jeunes n'auront plus aucune raison de risquer leurs vies dans des embarcations périlleuses vers un continent Européen en décadence. En réalité, il ne pouvait pas avoir une meilleure vie en occident, avec son froid hivernal insupportable, pour un jeune qui vient d'un environnement tropical tel que la RDC. Ce sont plutôt des opportunités de travailler pour gagner dignement sa vie et la possibilité de se former et d'envoyer les enfants à écoles qui attirent vers ces continents. En fait, si le minimum de ce qui attire ces jeunes gens ailleurs pouvait se retrouver dans leur propre pays, cela éviterait à l'Etat Congolais cette perte d'énergies cruciales pour son développement. Il est donc temps que le gouvernement de la République fasse rêver sa jeunesse s'il veut espérer recevoir le meilleur d'elle dans les perspectives d'une nation forte. En effet, ces jeunes sont souvent attirés par le rêve d'un bonheur inaccessible dans leur pays. Cependant, ils se retrouvent parfois désillusionnés par certaines réalités trouvées sur place dans le vieux continent. En effet, ils ont besoin de rêver de nouveau pour continuer à espérer. Il leur faut un nouveau rêve tourné vers leur propre pays. En réalité, la République démocratique du Congo a beaucoup de potentialités qui doivent être transformées en opportunités pour faire rêver sa jeunesse.

La Nouvelle Diaspora Congolaise

L'un des plus grands soucis de ceux qui sortent du pays, c'est souvent ceux qui y restent. Préoccupés par le sort de leurs parents restés au pays, beaucoup travaillent durement pour les aider au point de s'épuiser en devenant parfois inaptes avant l'âge de retraite à force de travailler sans répit et meurent, de fois, en laissant derrière des projets qui ne seront jamais réalisés. En fait, ces Congolais de la diaspora ont développé dans un paternalisme qui rend leurs familles restées au pays amorphes, inaptes et incapables de quelques initiatives pour leur propre survie et épanouissement.

En effet, hormis cette Mentalité paternaliste, beaucoup ont aussi un sérieux problème de vision et de management. Ils sont très solitaires dans la construction de startups et ne savent pas travailler en équipe pour parvenir à la réalisation de grands projets. En réalité, combien parmi les Congolais de la diaspora ont des carrés miniers dans leur pays d'origine et ou combien ont-ils été capables de créer une industrie de production ou de transformation à grande échelle en dans leur pays ? Sans pour autant dédouaner ceux qui sont au pays de leur mauvaise foi dans la réalisation des projets de leurs compatriotes de la diaspora, la majorité investissent souvent dans des domaines déjà saturés par manque d'esprit d'innovation.

Outre ces éléments, la Mentalité de « chacun pour soi » où chaque Congolais préfère construire un immeuble dans un investissement colossal, parfois, de cent cinquante mille dollars Américains, avec un effort physique et financier de sept ans pour gagner mille de loyer par mois. Or, avec un simple calcul d'arithmétique de l'école primaire, on peut comprendre que pour récupérer les frais engagés, on attendra plus de quinze années, sans compter la maintenance et l'amortissement de cet immeuble. Soit un total de presque vingt-cinq ans avant de commencer à se nourrir de son investissement. On sait aussi que la plupart de ceux qui s'engagent dans de tels investissements sont souvent dans leur trentaine et n'ont souvent pas le temps de se reposer et savourer le fruit de leur dur labeur. En effet, en lieu et place d'investir cent cinquante mille dollars américains pour construire un immeuble qui rapporterait de bénéfices de mille dollars le mois, pourquoi ne pas s'associer à neuf autres personnes et former ensemble un capital d'un million et demi de dollars américains pour créer un géant start up dans ce domaine d'immobilier qui coûterait moins cher et rapporterait beaucoup plus de revenus dans un délais beaucoup plus raisonnable ?

Hormis cette Mentalité de chacun pour soi, les Congolais de la diaspora ont aussi développé la Mentalité de « championnat » où chacun veut être considéré comme le meilleur. En fait, la vie est un marathon et une course à relais et non du « cent mètre plat ». Car, les réalités qui l'entourent et son caractère imprévisible associé aux limites humaines ont prouvé qu'il est plus facile aux hommes d'avoir du succès lorsqu'ils travaillent en équipe comme des fourmis qu'en solo. Même s'il est vrai qu'il y a généralement cette crise de confiance entre les Congolais, ils doivent comprendre que ce qui compte dans les affaires, au-delà de la confiance, c'est plutôt le cadre juridique dans lequel doivent se bâtir les relations de collaboration et ou de partenariat. Ils doivent intégrer l'importance de la présence d'une représentation juridique qui garantisse les intérêts de toutes les parties engagées.

Autre élément, c'est la politisation de la jeunesse dans la diaspora et la réponse trop musclée de son gouvernement dans les revendications de certains. En effet, les politiciens de Kinshasa et ceux en exile ont réussi à diviser et à se partager comme un butin de guerre les Congolais de l'étranger par des discours politiques de Changement en utilisant de fois des rhétoriques appelant à la haine tribale, à la désobéissance civile, à la rébellion et au radicalisme violent. En lieu et place de former une force pour faire avancer les choses dans leur pays, beaucoup se tournent en agents de campagne négative contre la République. De son côté, le gouvernement ne parvenant pas à trouver de remède à cette situation d'opposition et de résistance, de fois extrémiste, il réagit avec une brutalité inexplicable de langage et même physique contre ces Congolais de l'étranger. Et pourtant, une prise en charge par leurs ambassades, avec la création dans ces pays d'accueils des centres culturels, des banques « Congolaises » mais aussi d'un cadre permanent de concertation pour leur participation dans les processus politiques du pays, au même titre que ceux qui sont sur place, pourront faire avancer positivement les choses. En fait, l'Etat Congolais doit reconnaître qu'il a participé, par sa gestion de la République, à l'émigration des millions des Congolais et doit, par conséquent, être un peu plus modeste et souple dans ses manières de traiter leurs revendications politiques et économiques. En effet, ces millions de ressortissants, dont la majorité sont des jeunes vivants éparpillés dans le monde, constituent une force pour ce pays. Ils peuvent apporter beaucoup plus à la République si seulement elle leur offrait une opportunité de le faire. En particulier, ceux qui sont nés dans les pays développés. Car, en tant que nationaux de leurs pays de naissance, certains sont très introduits dans leurs systèmes et occupent des positions qui peuvent être bénéfiques pour la République démocratique du Congo. Il faut donc que le gouvernement Congolais les incluse dans sa vision globale malgré le fait qu'ils sont très critiques envers lui. Car, ils sont de vrais ambassadeurs qui peuvent passer les messages du peuple Congolais aux autorités de leurs pays d'accueil et être mieux compris. Et, ayant la même Mentalité que les populations de ces pays, ils peuvent se servir de leur proximité pour plaider auprès de leur opinion publique de façon à peser pour qu'elle réclame le Changement de la politique extérieur de leur gouvernement en faveur de la RDC. Avec la possibilité d'accéder en permanence à l'internet, les Congolais de la diaspora maitrisent les réseaux sociaux qu'ils peuvent s'en servir pour contourner les médias dominants qui ne sont généralement pas favorables à la position de peuple Congolais et passer leurs messages.

Un État Mentor : religion et citoyenneté

On sait aussi qu'une Mentalité peut être affectée par la présence effective de l'Etat. Dans ce défi énorme de Changement de Mentalité, il faut que l'Etat Congolais parvienne à manifester sa présence non seulement dans les lieux physiques mais surtout dans les esprits des citoyens de ce pays. Car, lorsqu'on parle de la présence physique de l'Etat, ce ne sont pas nécessairement des agent-individus mais aussi des panneaux sur les routes et même dans la forêt équatoriale. On fait par exemple allusion aux drones qui surveillent le long de majestueux fleuve Congo et à tous les autres éléments matériels qui le symbolisent à l'intérieur du territoire national comme partout où pourraient se trouver les intérêts vitaux de son peuple. En effet, le Pouvoir d'Etat doit être présent et disponible pour le peuple. Il faut que les citoyens arrivent à placer de nouveau leur confiance en la capacité de leur gouvernement à les protéger en tout temps et à les secourir au besoin. S'il y a des endroits où l'Etat Congolais doit à tout prix marquer sa présence, c'est premièrement en lui-même. Il doit être dans ses lois et dans le respect de ses propres lois avant tout. En effet, il faut que la justice et la rigueur de la loi soient appliquées au sein même de l'appareil de l'Etat. Il faut que les juges, les magistrats, les huissiers de justice, les avocats et les législateurs servent d'exemple de la rigueur de la loi. Le principe de la séparation des pouvoirs devra être de rigueur malgré le débat qu'il suscite encore entre différents courants de pensée. Il faut donc que la loi parvienne à arrêter la loi. En effet, il faut diminuer le régime d'immunité et permettre à la loi d'atteindre toute personne pour abolir dans la République des endroits où elle ne se limite que devant la porte l'entrée, une république des intouchables.

En deuxième lieu, l'État Congolais doit tout faire pour être présent dans les rassemblements religieux. En effet, depuis la nuit des temps, la lutte de pouvoir entre le pouvoir d'Etat et le pouvoir religieux a été à la base de plusieurs grands conflits qui ont ensanglantés le monde. Il faut d'ores et déjà reconnaître qu'il a été souvent difficile d'établir une relation d'équilibre entre ces deux entités importantes de la vie sociétale. Entre l'Etat-objectif et la religion-subjective, la ligne de démarcation dans la pratique est tellement fine qu'elle paraît invisible. En effet, face aux défis socio-économiques et sécuritaires et à l'incapacité de l'Etat d'y remédier, les rassemblements religieux sont perçus par les populations comme des lieux d'où viennent le salut. Étant conscients de leur apport dans ces populations à la quête de paix intérieure, les autorités religieuses ont tendance à évoluer comme des électrons libres et commettent beaucoup de dégâts. Il y a une absence inquiétante de l'autorité de l'Etat dans les églises. En effet, il faut que la République y établisse un système de contrôle via des huissiers de Justice qui soient chargés de la transparence de la gestion des offrandes et dons pour éviter les blanchiments d'argent et surtout leur utilisation abusive. En fait, l'Etat est censé avoir un regard sur l'argent qui appartient à la communauté. Il doit mettre en place un système de bancarisation à respecter pour chaque assemblée. De la même manière le Covid 19 a forcé le gouvernement Congolais à prendre des mesures sanitaires d'urgence pour sauver des vies humaines, en fermant par exemple tous les espaces publics, la République doit se faire respecter dans ces milieux religieux en mettant en place des règles qui préservent de l'aliénation collective des leurs fidèles qui sont avant tout des citoyens Congolais. Au fait, l'idée ici, c'est organiser tout en respectant évidemment la « croyance » de chacun. Et, hormis la question relative à l'organisation des finances, il faut aussi que tout message qui peut contribuer à la robotisation des populations soit banni de ces lieux de prière et de méditation. En effet, si sous d'autres cieux, dans des États connus de droit, on interdit aux clergés radicaux et ou aux prédicateurs extrémistes de prêcher sous peine d'être arrêtés, il est inconcevable de trouver dans les lieux de cultes en RDC des enseignements qui abrutissent les citoyens. La religion étant un phénomène culturel où la transmission de la connaissance influence le plus, il est de devoir de l'Etat de créer de garde-fou pour éviter tout dérapage et permettre aux fidèles des églises de demeurer citoyens et membres de la patrie.

Et enfin, l'Etat doit tout faire pour être présent dans le citoyen. En effet, à voir de près le comportement de « Congolais », on comprend que pour beaucoup l'Etat n'existe pas. Non pas seulement parce qu'il n'y a pas de rigueur de la loi, mais surtout parce qu'il ne participe pas à la création de bien-être commun. En fait, la RDC a tout d'un État partisan et élitiste. L'Etat Congolais doit se rapprocher des populations en les rassurant de sa présence par une répartition équilibrée des richesses et revenus du pays. Il doit tout faire pour veiller sur l'égalité de tous pour éviter de créer des malaises et frustrations qui les pousseraient à développer un Etat d'esprit qui résiste aux lois et autorités établies.

En effet, l'Etat Congolais a besoin des agents modèles qui fassent régner l'ordre public et respecter la loi. Sous d'autres cieux, un gendarme et ou un policier est un agent de grande valeur. Par leur recrutement, leur formation, leur encadrement et leur rémunération, l'Etat investit de façon à avoir des hommes en uniforme respectueux des lois de la République, des agents de grande moralité. Malheureusement, toutes ces choses n'ont pas été observées en République démocratique du Congo depuis bien longtemps. Les policiers ont souvent donné l'image des agents qui courent derrière des pots-de-vin. En lieu et place de faire régner l'ordre public, certains sont devenu co-auteurs des désordres. En effet, comme tout autre citoyen qui cherche à survivre dans une société dont les conditions socio-économiques ne permettent pas une vie normale, ces agents ont eux-aussi développé le réflexe de survie qui les poussent à se lancer dans des pratiques hors la loi. Sans dotations régulières, sans soldes appropriés et sans logements mais doté d'une arme à létale, l'Etat Congolais est en grande partie responsable de leurs bavures. En principe, une Nouvelle Police Congolaise véritable verra le jour lorsque le recrutement sera fait à partir des écoles secondaires et universitaires. En fait, il faut bannir le recrutement des illettrés et des gangs dans la police pour lui éviter l'image d'une poubelle qui reçoit tout. En effet, étant donné le défi sécuritaire dans ce pays qui comptera plus de deux cents millions d'habitants avec une majorité des jeunes à l'horizon 2050, il lui faudra avoir un total de trois millions de policiers et militaires, réservistes y compris. Ceci contribuera à révéler le défi de sa sécurité qui lui a coûté des pertes en millions des vies humaines et qui lui a infligé un retard sans précédent dans son développement. Pour ce faire, il faudra faciliter l'accès à l'éducation et le scoutisme aux jeunes dès le primaire pour ensuite faire de la police et de l'armée des services obligatoires pour tout jeune ayant atteint l'âge de majorité.

Cependant, la police et l'armée ne devront plus être des métiers à vie. Il faut que l'Etat laisse la possibilité à chacun de pouvoir réintégrer la vie civile après avoir servi sous le drapeau. Il faut faire en sorte que tout policier ou militaire puisse être capable de refaire une carrière civile après avoir servi dans la police ou dans l'armée. Avec le système des trainings et autres formations, on peut arriver à avoir des agents très disciplinés, prêts à servir sous le drapeau et qui peuvent retourner à une vie civile après avoir servi la patrie plus tard. Aussi, il faut que la police de frontière soit constituée de l'élite des élites. C'est-à-dire, une sélection d'agents éprouvés et dont le patriotisme ne devra faire l'objet d'aucun doute. Car, pendant de longues années dans ce pays, on remarque, dès l'entrée par les grands postes frontaliers, des pratiques qui ne doivent pas exister dans un Etat soucieux de sa sécurité. Et pourtant, ce sont des genres de comportements qu'on retrouve malheureusement dans presque tous les services de l'Etat. On y voit des individus outrepassés le contrôle physique de passeport dans les immigrations sous prétexte d'être des VIPs ou appartenir à telle ou telle autre famille de dignitaires de la République.

En effet, il y a toujours cette culture du pot-de-vin ou de la mendicité qui bat son plein. Lorsque l'on est conducteur et qu'on se retrouve nez à nez avec un agent de police routière, même en règle, on y laisse quelque chose, même un petit rien. Devant les grands portails des ministères, on y laisse quelque chose et avant d'obtenir une audience, on doit y laisser quelque chose. Les agents en poste le savent et les visiteurs le savent autant. En effet, il faut que les gardes-frontières soient des citoyens de grandes valeurs, d'une intégrité sans faille et de probité morale éprouvée et veillent scrupuleusement au contrôle d'identité et au respect des procédures administratives dans l'obtention des documents officiels. Un système centralisé de fichiers numérisés doit être mis en place dans un avenir proche pour répondre efficacement à cette problématique de taille. En outre, ces questions essentielles, il est important que la gratification et la reconnaissance des services rendues se fassent d'après les règles en la matière. On n'arrivera à rebâtir une police et une armée fortes que lorsque l'État sera capable de bien les entretenir et surtout de récompenser en grades les éléments qui le méritent vraiment. C'est cela aussi l'Etat de droit.

La légalité et l'Éthique

En effet, le fait de cumuler de mandats politiques est une question de moralité qui devra être traitée d'urgence. Le législateur Congolais ne doit pas perdre de vue que les lois qu'il fait, les sont dans un pays jeune et en voie de démocratisation. En légiférant pour légaliser des lois contrenature qui mettent en péril la construction d'une République équilibrée, le législateur Congolais se met dans une posture d'anti-patrie. En effet, il est inconcevable qu'un même individu puisse avoir des mandats de députation nationale, provinciale et sénatoriale avec membres de sa famille comme suppléants, tout en espérant être nommé ministre du gouvernement. Que cherche-t-il réellement et où est la morale dans un tel citoyen ? En démocratie, les lois doivent être naturellement justes et moralement correctes pour avoir l'acceptation populaire. Car, ce qui est moralement juste contient de germes d'inclusivité en son sein et permet le bonheur de grand nombre. Les législateurs et les élites ont une part de responsabilité énorme dans la construction de la conscience collective. En effet, les lois justes et inclusives favorisent la création d'une âme nationale et empêchent les rébellions de naître. Or, du sein d'un homme corrompu ne peut pas sortir des lois justes. Ce pays a donc besoin des leaders honnêtes et intègres pour parvenir à un tel projet.

Le Démocrate Congolais

Il ne faut surtout pas perdre de vue que, contrairement à l'Etat Indépendant du Congo créé en 1885 à Berlin loin des terres Kongo, la République démocratique du Congo doit renaître « des parents Congolais ». Aussi, tout en tenant compte de cet élément historique très déterminant, il est important d'avoir une approche Africaine de la démocratie. Ce régime politique qui a fait ses preuves dans les pays où les cultures sont différentes pour la plupart de la culture Kongo. En effet, cette Kongo qui est une culture africaine pure où la gestion des crises se fait par consensus et donc, par les règles de la grande sagesse Bantu et non simplement par la loi de la majorité. Les Congolais naturellement Monarchiques et royaux n'ont pas été préparé à embrasser la démocratie comme modèle de gouvernement dans leur façon de penser le Pouvoir. Sa classe politique souvent démagogue n'a pas trouvé d'intérêts d'entamer une telle démarche qui coûterait surement d'électoral naturel à chacun.

En effet, l'administration coloniale a lancé prématurément le grand jeu démocratique sans une préparation préalable de la classe politique ayant de penchant tribaliste et ethniciste, à une population Congolaise pas très informée en la matière et aussi dans une nation en construction. En 1990, avec le vent de la Perestroïka « imposé » par une puissance occidentale tombeur du communisme incarné par l'Union des Républiques Socialistes et Soviétiques d'alors, le processus de la démocratisation de la République du Zaïre lancé le 24 avril 199 par le Président Mobutu ne pouvait pas connaître du succès. Car, du monopartisme dur d'un Mouvement Populaire de la Révolution qui dura près d'un quart de siècle au pluralisme politique trop libre et non encadré, la rupture était trop brutale. D'un côté, un Mobutu président fondateur et dictateur le 23 Avril à un président ''démocrate'' respectueux de droit le lendemain, l'homme n'était naturellement pas mieux placé pour conduire ce processus de la démocratisation à bon port. De l'autre côté, des opposants sans réels vision politique et ou « projet de société » et de surcroît obstinés par la conquête de pouvoir pour le pouvoir n'ont pas pu apporter leur pierre dans la démocratisation du pays. Et enfin, dans sa troisième phase, un peu comme au temps de Mobutu, le processus est relancé par un président et général major des forces armées sorti des entrailles de la rébellion qui a chassé le Maréchal du Zaïre du pouvoir. Il aurait été surprenant que Joseph Kabila soit plus démocrate que Mobutu. Les deux furent jeunes à leur ascension au pouvoir et ont été généraux des forces armées. En effet, ce qui fait la différence entre les deux, c'est d'un côté, Mobutu fit parti de l'armée régulière et Kabila d'une rébellion. De l'autre côté, Mobutu a exercé des fonctions politiques avant de devenir Président et fut entouré des hommes qui connaissaient le sens de l'Etat tandis que Kabila n'a pas eu cette chance. En effet, à chaque fois qu'un processus d'ouverture démocratique était lancé, un événement de nature non démocratique y a mis fin et a fait « Tabula rasa ». Le Pouvoir parvenait chaque fois à corrompre même les plus démocrates. La gestion de la République n'était pas inclusive et ne bénéficiait pas au plus grand nombre. C'est ainsi qu'il parvenait à corrompre tous ceux qui y faisait partie. En effet, les politiques Congolais n'ont pas associé la notion du Pouvoir à celles de servir et de sacrifice. Pour beaucoup, le pouvoir, c'est le règne et la domination, et tous les honneurs qui l'entourent. C'est une définition qui doit changer dans leur Perception pour espérer évoluer.

En effet, la régionalisation et la tribalisation dans la gestion de la République sont des tares majeures qui la ruinent de l'intérieur et la prédisposent à la révolution ou à la balkanisation. Personne ne peut ignorer que cette République en reconstruction subit des coups depuis près de trois décennies pour une balkanisation violente mais qui n'arrive pas à prendre place grâce à ce jalon de l'unité nationale posée par le Président Mobutu. Il faut combattre ces deux Mentalités pour ne pas faciliter la tâche à ceux qui ont toujours travaillé pour la Balkanisation de ce pays à l'obtenir de la manière la plus douce possible. Car, les frustrations créées par la régionalisation et ou tribalisation de la gestion de l'appareil de l'Etat marginalisent et excluent certains et les détachent de la patrie. Etant détachés, ils n'auront d'autres choix que de former autour de « valeurs » et vision qui sont les leurs, des entités dont elles se reconnaitront. En effet, le nouveau Congolais cessera de réfléchir en termes de région et tribu le jour où la gestion de la République va transcender ces deux esprits et sera nationale. En fait, cette gestion de la République ne changera que lorsque les hommes-dirigeants changeront de Mentalité. Il faut que le leadership dans une République revienne aux citoyens intègres. Ceux qui n'ont pas participé dans des malversations financières et à des corruptions de tous genres. La gestion doit être confiée aux citoyens de grandes valeurs morales et patriotes. Il faut aussi que la République arrête de favoriser l'esprit Monarchique dans les leaders politiques et tout faire pour remettre le Pouvoir au souverain primaire pour permettre une démocratisation définitive du pays.

En effet, le gouvernement Congolais doit revoir ses priorités. Il doit planifier les choses en faveur du peuple en initiant des réformes de lois pour affranchir les partis et regroupements politiques de l'emprise des individus « messieurs les présidents fondateurs » pour les remettre à la disposition des membres. Il doit exiger de limitation de mandat à leur tête pour refléter l'esprit de l'Article 220 de la Constitution actuelle qui limite clairement le mandat présidentiel. En effet, tout ceci demande du courage et une vision de perspective de la part de leadership du pays. Il doit parvenir à anticiper l'avènement de plus en plus probable d'un bouleversement politique et sociétal par une révolution populaire et ou même militaire pour un nouveau leadership qui le pousserait vers la porte de sortie avec agressivité comme cela a toujours été le cas dans l'histoire des peuples du monde. Le République démocratique du Congo ne va déroger à cette règle de l'histoire.

Conclusion

Ainsi, on comprend donc que le Changement de l'homme Congolais qui est une entité réfléchie, déjà déformée et vivant hors norme, est un défi énorme. Le nouvel homme Congolais ne pourra retrouver ses traces historiques qu'en se basant sur la dimension spirituelle de l'homme dans laquelle se cache encore sa vraie identité « Kongo ». La redécouverte de *soi* perdu depuis la création, sans consentement des entités royales et ethniques, de l'Etat indépendant du Congo pour le Roi de Belges en 1885, permettra la réunion entre le Congolais et le Né Kongo pour une nouvelle identité plus équilibrée de cet homme devenu morne. En effet, l'imposition de culture importée de colonisateur au moyen de fouet et de la religion pour des raisons inavouées de ses propres intérêts, et une classe politique formée et taillée à son image pour continuer l'œuvre macabre de colonisation n'ont pas étaient de nature à aider les Congolais indépendants à avoir une Identité propre et épanouie. En dehors des valeurs spirituelles Kongo, l'architecture de la nouvelle identité Congolaise nécessite la renaissance mentale de la République par les Congolais pour les Congolais eux- mêmes. Ce qui les affranchira de l'esprit de la colonisation qui les a longtemps hantés et qui les garde encore dans une Mentalité des victimes éternelles depuis près de cent quarante ans. Il lui faut dorénavant un leadership courageux, qui a une vision claire qui placera le travail au centre comme valeur cardinale qui conduit à la dignité et au respect de la personne humaine. En effet, la nouvelle société Congolaise devra être celle qui reconnaît et récompense les mérites. Elle doit être décomplexée dans la publicité et la promotion de ses valeurs authentiques. Il est vrai que le monde vit dans un siècle où le multiculturalisme rend presque impossible l'idée d'une autarcie culturelle. Cependant, on peut arriver à imposer un peu plus la culture Congolaise authentique par la mise en place d'une politique de la promotion culturelle de valeurs Kongo. La culture Kongo est suffisamment riche pour apporter plus qu'elle ne peut intégrer dans les échanges que caractérise ce multiculturalisme qui impose les « valeurs » culturelles des plus puissants. En effet, tout devra commencer par une vraie réconciliation des Congolais. La réconciliation entre différentes tribus, ethnies et ou provinces qui se regardent du dedans avec hypocrisie et mépris, et dont les divergences et ou des conflits refont surface de temps en temps. Il faut que les populations qui ont longtemps été assujetties se réconcilient avec les élites et surtout les politiques qui les ont assujettis et ainsi de suite. En effet, les Congolais peuvent s'inspirer de l'expérience de l'Afrique du Sud post apartheid qui mit en place la commission vérité et réconciliation, présidée par Desmond Tutu, dans le but de « promouvoir l'unité nationale et la réconciliation dans un esprit de paix qui dépasse les conflits et les divisions anciennes » pour faciliter la construction d'une nouvelle identité Sud-Africaine où les noirs maltraités hier pourront vivre en harmonie avec les blancs aujourd'hui (Darbon, 1998). En fait, le processus de la construction de la Nouvelle Identité Congolaise nécessite un investissement colossal dans la Jeunesse. La reconstruction d'une jeunesse pour le Congo est la clé pour la création de cette nouvelle société. Il faut que le leadership de ce pays intègre dans sa vision l'importance de la Jeunesse et qu'il parvienne à se faire une représentation mentale d'un avenir meilleur et existentiel de cette société. En d'autres termes, c'est au leadership de ce pays de comprendre et d'intégrer que l'épanouissement de la société Congolaise dépend de la qualité de sa Jeunesse et que sa survie est sujet de la volonté de cette même jeunesse en son temps. Dès lors, il faut trouver les moyens de la maintenir sur place en décourageant leur exportation vers d'autres pays et continents. Il faut créer des infrastructures et les métiers qui attirent le plus des jeunes. Le gouvernement doit avoir une politique des financements de Petites et Moyennes Entreprises qui sont spécialement initiées par des jeunes et surtout travailler pour la dépolitisation de la Jeunesse. En fait, la diaspora Congolaise jouera un rôle clé dans la création de cette Nouvelle Identité Congolaise. Car, elle peut constituer un contrepoids aux velléités dominatrices de certains occidentaux qui aiment dominer. Du fait, de sa proximité physique et surtout mentale, sans complexe, la diaspora Congolaise est la superstructure diplomatique pour le Changement effectif de la RDC. Quoique ayant perdu, pour la plupart, des repères historiques importants, les injustices subies dans leurs pays d'accueil ont fini par réveiller le patriotisme endormi en elle. L'Etat Congolais a une grande part de responsabilité dans le Changement de Mentalité et dans la création de cette Nouvelle Identité Congolaise par son accompagnement social et son omniprésence. D'abord dans l'Etat lui-même, ensuite dans les églises qui sont des lieux qui jusque-là lui ont échappé et enfin dans l'imaginaire du citoyen Congolais qui vit en ignorant complètement son existence par ses habitudes et son comportement. En effet, une République responsable a besoin de l'Etat qui sait respecter d'abord ses propres lois, un État mentor. Ce qui dérange beaucoup les esprits des Congolais, c'est souvent cette attitude des représentants de l'Etat de ne pas respecter la loi. En se comportant de la sorte, ils donnent l'impression dans l'imaginaire collective que les lois ne reflètent pas, dans ses profondeurs, l'idée d'une justice pour tous et fait en sorte que les citoyens vivent en une forme de rébellion vis-à-vis de l'Etat. En fait, il faut retenir que le citoyen ne deviendra respectueux des lois de la République que lorsqu'elles seront justes et opposables à tous. C'est cela la République par essence. En effet, dans un pays en construction identitaire comme la grande RDC, le législateur doit tout faire pour qu'en légiférant la dimension de la conscience ou de la morale soit le soubassement des lois enfin de rencontrer l'assentiment de plusieurs. En d'autres termes, les lois doivent être justes pour créer l'équilibre dans une société pour éviter que le gap entre la légalité et la légitimité des lois soit trop grand. En effet, si le législateur Congolais a échoué dans sa mission, c'est justement parce qu'il n'a souvent pas cherché l'intérêt de plusieurs. Légiférer, c'est un sacerdoce. On n'y entre jamais sans vocation et sans être éprouvé. Toute loi qui ne reflète pas la conscience collective pousse à la contestation et met en mal les principes même de l'Etat de droit. En effet, la RDC a besoin de l'émergence d'une nouvelle classe politique patriote et responsable. Des hommes et des femmes qui peuvent veiller sur le bon fonctionnement de l'Etat et non le contraire. Ceux qui ont réellement le souci de construire un Etat de droit véritable et une République qui œuvre pour le bien-être collectif, celle où règne l'ordre et où chacun sera à sa place. Pour y parvenir, il faudra préalablement relever le défi de Changement de Mentalité pour enfin espérer vivre ce beau rêve des pères de l'indépendance et ainsi parvenir à sa vocation, celle d'un peuple libre, plus grand et plus prospère.

Bibliographie

Agbo Dadie. B, (2000). *Penser Dieu autrement, de la Métaphysique à l'anthropologie : les fondements d'une pensée négro-africaine sur Dieu.*

Bergson. H, (1911). LA PERCEPTIONDU CHANGEMENT.

Oxford : Clarendon Presse.

Brague. R, (2007). *Un Régime autre que la Théocratie est-il possible ?* Revue d'Éthique et de Théologie morale. PP. 103-123.zBuisson-Fenet. H, and Pons X., (2019). *Responsable, mais pas redevable ? gouvernance par les résultats et relation d'accountability dans les établissements scolaires en France.* No

43. PP. 41-56.

Bruneau J.-C, and Simon. T, (1991). *« Zaïre, l'espace écartelé ».* Mappemonde n 4, PP. 1-15.

Bruneau J, C. *Constructions provinces de la République Démocratique du Congo : construction territoriale et ethnicité.* Open Edition Journal.

Crémière, M. (2014). *Justice restauratrice : une voie trop ignorée.*

Journal du droit des jeunes. Vol. 4. No 334. PP. 9-15. Darbon, D. (1990). *L'Etat Prédateur.* Vol. 34. PP. 37-45.

Cummins, A. (2019). THE ULTIMATE ART OF THE WAR. Zarkins: London.

Glowacz, F. et Bown, M. (2017). *Psychologie de la délinquance.* De Boeck Supérieur. Louvain-La-Neuve.

Hollande, F. (2012). Changer de destin. Editions Robert Laffont. Paris.

Kabuya, L, S. (1998). *Triomphe et Crise de l'Idée Démocratique : Transition des leaders ou échec des partis politiques.* Revue Africaine de Science Politique. Vol. 3, No 2. Pp 49-68.

Kivilu, S. (2013). *Pauvreté et misère : Éléments pour une économie politique des pillages.* https://doi.org/10.1080/00083968.1999.10751169

Ladier-Fouladi, M. (2003). *POPULATION ET POLITIQUE EN IRAN : De la Monarchie à la République Islamique.*

Lonsdale, J. (1996). *Ethnicité, morale et tribalisme politique.* PP. 98-115.

Melletke. K, (2001). *Les Traités de Paix de Westphalie et l'organisation politique du Saint Empire Romain Germanique.* No. 10. PP. 113-144.

Millard,E. (2001). . *L'ETAT DE DROIT, IDÉOLOGIE CONTEMPORAINE DELADÉMOCRATIE.* Presses Universitaires du Mirail. PP. 415-443.

Nash, K. (2010). Contemporary Political Sociology : Globalization, Politics, and Power. 2nd Edition. Wiley-Blackwell : Oxford.

Oliveira, E. (2005). *Nouvelle victimologie : Le syndrome de Stockholm.* Pp 167-170.

Parrat-Diyan, S. (1998). *Egocentrisme Enfantin : concept structurel ou fonctionnel.* Bulletin de psychologie/ tome 51 – 5

Picard, J. (1990). Prénoms de Naissance et Prénoms de Baptême Prénoms Usuels : Un Aspect de la Mentalité Religieuse Rurale au

XIXe Siècle. Annales de démographie historique. PP. 345-356. Publié par Edition Belin.

Sarthou-Lajus. N, (2022). *La démocratie boiteuse.* PP. 7-8.

Tuck, R. (2019*). HOBBES LEVIATHAN.* 5 Ed. Cambridge University Press.

Vacherot, E. (1860). *LA DÉMOCRATIE.* Paris - F. Chamerot.

Wieviorka, M. (1997). Le multiculturalisme. No 103. PP. 66-92.

Zaha, D. (1980). *Religion, spiritualité et pensées africaines.* Kindle Ed

Partie 1 : Notes et observations du Lecteur

Partie 2 : Notes et observations du Lecteur

Partie 3 : Notes et observations du Lecteur

Partie 4 : Notes et observations du Lecteur

Partie 5 : Notes et observations du Lecteur

Partie 6 : Notes et observations du Lecteur

Printed in Great Britain
by Amazon

44213364R00115